한국교회
교육 전문가 세우기

임계빈 지음

하나님의 사람을 **엘맨**
만들어 가는 ELMAN

한국교회
교육 전문가 세우기

초판 1쇄   2020년 10월 15일

지 은 이   임계빈
발 행 인   이규종
디 자 인   최주호
펴 낸 곳   엘맨출판사
등록번호   제13-1562호(1985.10.29.)
주   소   서울시 마포구 토정로222 한국출판콘텐츠센터 422-3
전   화   (02) 323-4060,6401-7004
팩   스   (02) 323-6416
이 메 일   elman1985@hanmail.net

www.elman.kr

I S B N   978-89-5515-694-2 03230

값 12,000 원

한국교회
교육 전문가 세우기

하나님의 사람을 **엘맨**
만들어 가는 ELMAN

목차

도표 목차

I.

교육(목)사에 들어가면서

왜 교육(목)사인가

오늘날 우리는 하루가 다르게 변화하는 시대에 살고 있습니다. 정치, 경제, 사회, 문화 등 모든 분야에서 급격한 변화를 경험하고 있습니다. 앨빈 토플러는 제3의 물결로 표현되는 현재 이후의 사회를 여러 가지로 표현했습니다. "인류는 미래를 향하여 일대 비약의 시기에 임하고 있습니다. 사회를 밑뿌리에서부터 흔드는 '대변동' 등, 전에 없던 새 문명을 창조하고 있습니다. (중략) 제1의 물결인 농업혁명은 수천 년 동안 전개되었고, 제2의 물결인 산업 혁명은 삼백 년이 소요되었습니다. 그러나 제3의 물결은 불과 2~30년 동안 그 변혁을 마무리 짓는 게 아닐까?"[1]라는 말을 했습니다.

---

1 Alvin Toffler, *The Third Wave*, 홍갑순, 심정순 공역, 『제3의 물결』 (서울; 대일서관, 1982), 22.

또 김경동은 그의 저서에서 현대사회의 특징을 "급격한 변화가 자주, 또는 상시로 일어나는데 시간적, 공간적으로 전혀 예기치 못한다"[2]고 했습니다. 변화는 역사의 과정에서 언제 어디서나 일어나는 현상이지만 금세기로 올수록 더 급격해졌고 이제는 그 변화를 포착하기조차 어려울 지경입니다. 이러한 변화의 현상은 고도로 발달한 과학기술 문명과 산업화와 도시화 때문에 더욱더 가속화되고 있습니다. 이러한 변화는 종교적인 신앙이나, 가치 의식, 가족 제도, 인간관계, 사는 방식 등 인간의 전 문화적인 기반을 흔들어 놓고 있습니다. 결국, 급격한 변화는 다원화된 사회를 만들었고 그 가운데 전문성을 요구하게 되었습니다. 이런 복잡한 사회문제에 단편적으로 대처할 수는 없습니다.[3]

사람의 영혼을 책임지고 사람의 삶을 이끄는 목회는 이 시대의 변화를 외면할 수 없습니다. 왜냐하면, 최첨단 기술이 인간 생활의 전 영역에 폭넓게 미치고 있으며, 그 변화가 전체 사회에 걸쳐 있기 때문입니다. 특히 대부분 인간과 사회의 많은 분야에서 이것의 영향을 받고 있으며 그 중요성을 인식하고 있다[4]는 점에서 오늘날 목회는 중요한 전기를 맞고 있습니다.

오늘날 산업 사회의 급속한 변화와 다원화 현상은 현재의 교회 사역(教會 使役)에 변화를 초래하게 되었습니다. 교인들의 다양

---

2 김경동, 『현대의 사회학』 (서울: 박영사, 1986), 507.
3 Carnegie S. Calien, "현대 사회와 목회 설계," (서울: 연세대학교 연합신학 대학원, 1985년 목회자 신학 세미나 강의집), 30.
4 김영식, "첨단 과학기술 시대의 과학기술과 인간," 『기독교 사상』, 제338호 (1987. 2): 27-28.

한 요구와 사회의 급속한 다변화는 목사 1인 중심의 사역으로는 감당해 낼 수 없기에 과중한 조직을 양산했습니다. 우리가 몸담은 고도의 전문화 사회는 목회에서도 전문성을 요구합니다. 과거의 형태와 다른 보다 합리적이고 과학적인 전문성이 요구된다는 말입니다. 곧 기능적 차원에서의 사역 분화를 요청할 수밖에 없게 되었습니다.

현재의 한국 교회는 시대를 선도해야 함에도 불구하고 각 교회의 성장에만 관심을 가져왔으며 시대적인 도전으로부터 단절된 것이 사실입니다. 그 결과 수적인 성장에는 이바지하였으나 영적 각성과 교회교육의 내실에는 괴리 현상을 나타내었고, 현실의 문제에 직면하여서는 항상 갈등을 유발해 왔습니다. 따라서 수적인 면에 치중한 한국 교회는 다양한 역할을 감당하지 못하고 그 기능을 상실한 채 비효율적으로 운영될 수밖에 없었습니다.

그 가운데 교회교육은 과거의 형태를 탈피하지 못하고 답보 상태에 있으며 새로운 유행의 기류에 따라 일시적으로 모방하고 추종을 일삼고 있는 것이 엄연한 현실입니다. 이러한 상황은 교인들의 다각적인 교육적 욕구를 충족시키지 못하고 있으며, 결국 체계적인 교회교육의 시행을 실행하지 못하고 있습니다.

교회교육의 목적은 다양한 교육 프로그램을 통하여 복음을 전달하는 것입니다. 그리하여 성경의 사실을 명확하게 제시하여 각자가 그리스도에 대하여 신앙으로 응답하고 또한 개개인이 영적인 성숙을 향해 성장하도록 하는 데 있다고 할 수 있습니다.[5] 진정한 교회교육의 사명은 단 한 번에 얻은 구원에서 끝나는 것이 아닙니다. 그리스도의 장성한 분량에 이르도록 하는 것이며(엡 4:13), 이 사명을 이루기 위해 교회교육의 전문화는 그 무엇보다 먼저 이루어야 합니다.

비단 교회교육에서뿐만 아니라 교세의 확장과 교회 업무의 다양화에 따라 교회의 조직과 분야도 더욱 전문화하기에 이르렀습니다. 그래서 일부 교회이지만 교회 업무의 분권화를 시도하여 교육, 전도, 행정, 상담, 음악 등으로 나누어 효율적이고도 전문적으로 교회 업무를 담당하고 있습니다.[6]

그 중에서도 교회 안에서 교육만을 전담하는 교육(목)사 제도의 정착은 현재의 한국교회 현실을 볼 때 시급한 일이라 하겠습니다. 과거의 우리나라 근대사에서는 외국 선교사들의 도움으로 교회교육은 사회교육을 앞질러 선도하는 자리에 있었지만, 세월이 흐를수록 교회교육을 위한 투자와 관심은 줄어든 반면, 사회와 교인들의 교육 수준은 상당한 위치에 이르게 되었습니다.

현재의 한국 교회는 교인들의 고학력과 각계각층의 직업의 전문화, 교인들의 질적 성장에도 불구하고 교회는 교육의 전문성을 보장하지 않고 비전문적인 사람이 교회교육을 전담했다 해도 과언이 아닙니다. 오늘날의 한국 교회는 질 높은 교육에 관심을 가져야 할 때이며 교육의 질적, 체계적 성장을 위해 교회교육의

---

5 김국환, 『교회의 교육과 사역』 (서울: 무림 출판사, 1991), 13.
6 오인탁, 『기독교 교육』 (서울: 종로서적, 1991), 175.

전문가인 교육(목)사에게 전반적인 교육의 업무를 맡길 때가 되었습니다.

이미 미국에서는 최초로 1906년 제임스 톰슨(Games V. Thompson)을 펜실베이니아 주 피츠버그 시의 그리스도 감리교회 교육 목사로 탄생시켜 교육 목사 제도의 길을 열어 놓고 오랜 역사적 형성과정을 지나며 교육 전문가의 양성에 힘쓰고 있습니다.[7] 하지만 현재의 한국 교회는 교회교육 전문화가 시급하게 필요함은 공감하면서도 이를 위한 노력이 미흡하고 전문가 양성이라는 개념조차 이해하지 못하고 있습니다.

극히 일부 교회에서는 교육 목사를 두고 있지만, 교육 전문가라는 개념과는 거리가 멀며 그 명칭이나 역할이 불분명한 상태에 있습니다.

교육(목)사의 목적

선교 2세기로 넘어오면서 한국 교회는 교회 성숙을 위한 내적 강화에 관심을 기울이게 되었습니다. 한국 교회는 교회의 성숙과 교육에 대한 인식이 높아 가면서 1960년대 이후부터 각 지교회에는 교회 헌법에도 명시되어 있지 않은 "교육 전도사" 직을 만들어 그들에게 교회교육을 전담시키다시피 했습니다. 이것이 오

---

7 김희자, "교육(목)사 제도의 역사적 형성과 한국적 적용," 『신학지남』, 제220호 (1989. 여름): 171.

늘날 한국 교회에 공식적인 위치를 차지하고 있습니다.

그러나 자체 성숙에 관한 관심으로 교육에 대한 인식은 변화하였으나 교회교육의 비전문성에서 오는 인식 부족으로 목회 방침과 교회교육이 이원화되는 결과를 낳게 되었습니다. 그 결과 개 교회 회중들 전체가 지향하는 인간상과 교육의 방향성에 일관성이 없고 전 연령층에 대한 커리큘럼의 지속성, 연계성, 통합성이 모자랍니다.[8]

교회교육 현장에서는 목회와 교육의 이원화로 인한 문제점을 해결하고 보다 체계적이고 합리적인 목회를 위해서 절실하게 전문적인 교육을 요청하고 있습니다. 교육 전문가로서 교육 목사나 교육사 제도에 대한 신설 및 정착은 벌써 커다란 관심을 두고 수용 문제를 다루고 있습니다. 성결교단에서는 "성결교단 발전과 교회교육의 전문성"을 주제로 세미나를 열었습니다(1987. 11. 25). 감리교단은 "교육사 왜 필요한가?"를 주제로 세미나를 (1988. 6. 21) 개최하여 교육사 제도의 법제화를 다졌습니다.[9] 감리교 교단은 1989년 10월 제18차 총회에서 교육사 제도를 채택했습니다. 대한 예수교 장로회 통합 측에서도 1982년 교육 저널 「교육교회」와 1982년 9월 「기독 공보」를 통하여 교육사의 필요성을 요청했고, 그 결과 영락 교회에서 담임목사와 동등한 대

---

8 고용수, "교육목회를 위한 교육구조," 『교육교회』, 제272호 (1989. 9): 108-09.
9 위의 책, 169.

우로 교육 목사가 공동목회를 하고 있음을 고려해 볼 때[10] 교육 전문가에 대한 교단적인 측면에서의 활발한 논의가 이루어지고 있음을 볼 수 있습니다. 대한 예수교 장로회 합동 측에서는 총신대학 부설 기독교 교육 연구소에서 한 차례의 세미나(1989, 4, 27)와 워크숍(1989, 6, 26)을 열고 교육 목사에 대한 기초를 다졌습니다.

교육(목)사의 의의

본 저서는 다음의 세 가지 문제를 규명하는 것이 연구의 의의입니다.

첫째, 목회에 있어서 교육의 위치를 밝히려고 합니다. 이를 위하여 목회의 성경적 의미와 어원적 의미 그리고 목회의 본질을 살펴 현시대에 맞는 목회를 정립하고자 합니다. 그뿐만 아니라 교육의 성경적 의미와 어원적 의미 그리고 교육의 본질을 살펴 교회의 사명과 목회의 기능에 있어서 교육이 핵심임을 밝히고자 합니다. 목회의 여러 기능 가운데 한 부분으로서의 교육이 아니라 교육의 관점에서 교회의 사역과 목회가 되어야 한다는 것을 밝히려고 합니다.

둘째, 교육(목)사 제도의 필요성을 제시하는 데 있습니다. 이를

---

10 김명삼, "공동목회 속에서 교육 목사의 위치와 기능," 총신대학교 기독교 교육 연구소, 교육 목사 워크숍(1989, 6, 26), 1-4.

위해 교육(목)사의 성경적 근거를 찾아보고, 이미 교육(목)사 제도를 시행하고 있는 서구의 교육(목)사의 형성원인과 역사를 서술하고자 합니다. 더 나아가서 21세기의 목회를 지향하며 대두되는 공동 목회 가운데 교육(목)사의 역할과 기능은 어떠한 것인가를 살펴 교회의 본질적인 사명과 기능에 근거하여 교육(목)사의 중심적인 역할과 기능을 세우려 합니다. 이러한 핵심적인 역할을 감당해야 할 교육(목)사는 어떠한 자질과 자격을 가져야 하는지, 교육(목)사와 교회, 담임목사, 교육위원회와 평신도와의 관계를 생각합니다.

셋째, 교육(목)사 양성을 위한 대안적 모색을 제시하는 데 있습니다. 현재 시행되고 있는 신학교육의 현장에 나타난 교육(목)사 양성제도의 문제점을 심도 있게 취급하되, 각급 신학대학의 교육과정을 분석하고, 교육(목)사 양성을 위한 교육과정의 방향을 제시하고자 합니다.

앞선 교육(목)사 관련 책들

현재 주요 교단과 기독교 교육연구소를 중심으로 교육(목)사를 세우기 위한 연구가 활발하게 이루어지고 있습니다. 단지 교회학교만 아니라 교회교육 전반을 새롭게 하려고 깊이 고민하며 결과물들을 출간하고 있습니다. 주요한 교단의 신학교 커리큘럼을 분석한 연구가 있으며, 신학교와 신학대학원의 목회자 교육과정을 분석하고 앞으로의 진로를 모색하는 연구도 있습니다. 교회 전반의 교육목회에 주도적인 역할을 담당하는 교육(목)사의 역할과 기능에 관한 연구가 여러모로 진행되고 있습니다. 교육(목)사가 협력목회에 있어서 주도적인 역할로 보는 연구들도 있습니다.

이 가운데 한미라는 한국 개신교 교회의 교육을 역사적으로 고찰하고 현재 상황을 분석하며, 교회교육의 전반적인 현황을 보고합니다. 교단별 교육사 제도를 비교 분석합니다. 1990년대 기독교 감리교단을 시작으로 2000년에 주요 장로교단들까지 도입된 교육사 제도입니다. 교육사의 호칭을 교육사, 교육 목사, 교육 간사로 호칭하고 이들이 각각 갖추어야 할 자격을 밝힙니다. 감리교단에 신설된 교육사의 역할과 기능이 너무 간결하고 미흡한 점이 있어서 네 가지로 좀 더 구체화합니다. 교육사는 교육프로그램의 개발 및 조정, 지도자 훈련, 교회 내의 평신도 지도자의 대변자 역할, 팀 목회 모형의 개발입니다. 새로운 전문직으로서 교육사가 한국 교회에 도입됨으로써 교회, 교단, 신학대학 차원에서 일어날 수 있는 갈등을 다섯 가지로 제시합니다. 교인들이 교육사를 어떻게 인식하느냐, 담임목사와의 갈등, 교육부 또는 임원들과의 갈등, 교육 목사와 교육 전도사의 갈등, 교육사의 대우 문제 등입니다. 최근에 와서 몇몇 교단 총회에서 교육사 제도의 문제를 발의하고 갈등을 해소하고자 하는 노력까지 보고합니다.[11]

---

11 한미라, 『개신교 교회교육』 (서울: 대한기독교서회, 2005), 146-56.

한춘기는 한국교회 교육사를 제시합니다. 본서의 마지막 장은 예장(합동)의 기독교 교육사입니다. 20세기 초 미국에서 시작된 교육 목사를 소개합니다. 1990년대에 들어와서 우리나라 여러 교단에서 교육사 제도를 교단 차원에서 도입하려는 움직임을 보입니다. 가장 먼저 교육사 제도를 도입한 감리교단을 비롯하여 예장 합동과 예장 통합, 예장 고신이 1997년과 1998년에 소집한 교단총회를 통해 구체적인 지침들을 내놓았습니다. 한국교회 주요 장로교단인 예장 총회(합동)와 예장 통합, 예장 고신의 교육사 제도를 설명합니다. 각 교단의 명칭과 응시 자격, 지위와 역할까지 도표로 보고합니다. 예장합동 교단에서 교육 목사든 교육사든 담임목사 이외의 모든 교역자는 임기가 1년인 임시직입니다. 교육(목)사가 임시직으로 있는 한 좋은 교육전문가를 배출하여 내는데 커다란 걸림돌이 됩니다. 여기서는 다만 문제점만을 제시할 뿐이고, 해결책에 대해서는 더 많은 연구가 있어야 할 것입니다.[12]

유충국은 현행 목회자 계속 교육의 문제점을 분석하고 목회자 계속 교육에 대한 인식과 요구 및 효과를 조사 분석함으로써 바람직한 목회자 계속 교육의 방향을 제시합니다. 현재 진행되는 목회자 계속 교육 과정을 분석하기 위해 연세대학교 연합신학대학원, 총회목회대학원, 국제제자훈련원을 중심으로 분석합니다. 연세대학교 연합신학대학원은 편중된 신학으로 다양한 목회자

---

12 한춘기, 『한국교회 교육사』 (서울: 대한예수교장로회총회, 2006), 156-62.

를 수용하지 못하는 한계가 있습니다. 총회목회대학원은 과목의 전문성과 다양성 부족의 문제가 있습니다. 국제제자훈련원은 한 분야의 전문성이 있지만 다양한 목회현장의 문제들에 대한 답을 제공하는 데는 한계가 있음을 드러냈습니다. 신학교 교육과정이 채워줄 수 없는 교육의 분야를 보충한다는 면에서 목회자 계속 교육 과정 역시 중요합니다. 단순한 학위 과정 취득이 아니라 목회에 실질적인 도움을 주는 과정으로 편성되어야 합니다.[13]

안승철은 협력목회자로서 부목사의 역할을 연구 발표합니다. 한국교회는 담임목사만이 목회자이고 부목사는 단지 담임목사의 보조자라는 인식이 일반화되어 있습니다. 성경에 담임목사와 부목사의 구별이 나타나지만 겟츠(G. Getz)의 주장을 따른다면 초대 교회에는 최소한 두 명 이상의 장로들이 한 교회의 사역에 임했고, 이들이 각각 담임목사와 부목사의 기능과 역할을 담당한 것으로 보고 있습니다. 성경에 나타나는 담임과 부담임은 역할과 기능에 의한 구별이었을 뿐 계급적인 구별은 아닙니다. 담임목사와 부목사의 관계는 상하관계가 아니라 협력의 관계가 될 때 바람직하게 사역이 진행될 것입니다. 본 저서에서는 부목사의 역할을 교육, 선교, 행정, 기획, 상담 등을 담당하는 전문 목회자로서 담임목사와 함께 목회를 구현해 가는 목회협력자로 규정 합니다.[14]

---

13 유충국, "목회자 계속 교육과 교회성장" (박사학위 논문, 안양대학교 신학대학원, 2009), 54-72.
14 안승철, "목회협력자로서 부목사의 역할 연구" (박사학위 논문, 연세대학교

교육(목)사 관련 주된 용어들

1. 교육목회

교육목회는 "교육"과 "목회"의 합성어입니다. 이는 먼저 "교육"을 형용사적으로 사용하여 "교육적인 목회"로 쉽게 이해하는 측면이 있는 한편 목회가 교육 전달의 한 수단인 것으로 파악하여 교육을 교회의 본질적인 요소로 강조하는 입장도 있습니다. 본 저자는 "교육"과 "목회"의 어느 한 면을 강조하여 종속적인 관계로 규정하지 않고 양자가 본질에서 동질 선상에 있으며, 기능적인 면에서 동시 발생적인 것으로 사용합니다. 교육과 목회의 상관성은 제 II장에서 상술합니다.

2. 교육(목)사

교육 목사나 교육사 제도는 본래 미국 교회에서 오랜 역사적 형성과정을 통해 정착된 교회 교역자로서의 직책입니다. 교육(목)사는 기독교 교육 전문가로서 교회 교육을 전담하는 사람입니다. 한국교회 교육(목)사의 용어 정의를 위해 이미 교육(목)사 제도를 시행하고 있는 미국의 교육(목)사 직의 명칭[15]을 살펴보

연합신학대학원, 2004), 77-106.

15 The United Methodist Church, *Standards and Requirements for Certification as D. C. E, M. C. E, A. C. E, Division of Diaconal*

면 다음과 같습니다.

첫째, 전문 기독교 교육가(Professional Christian Edu-cation, 약자 표기는 P. C. E)입니다. 이는 교육사직들(DCE, MCE, ACE)을 총칭하는 말입니다. 미 감리교회에서 기독교 교육가로 고용되어 있거나 자격증을 가진 모든 이들(DCE, MCE, ACE)을 지칭합니다.

둘째, 교육사(Director of Christian Education, 약자 표기는 D. C. E)입니다. 교육사는 이 직분에 대한 '고등교육 및 사역 위원회'(The General Board of Higher Education and Ministry)의 규정에 합치하는 평신도나 혹은 목사(Diaconal Ministry)를 말합니다. 이 교육사 직분은 '목사 분과위'(The Division of Diaconal ministry)와 협력하는 '목사 회의 위원회'(The Conference Board of Diaconal Ministry)를 통해 연회에서 자격을 받게 됩니다.

셋째, 교육 목사(Minister of Christian Education, 약자로 M. C. E)입니다. 교육 목사는 이 직분에 대한 '고등교육 및 사역 위원회'(the General Board of Higher Education and Min-istry)의 규정에 합치하는 연회에서 안수 받은 목사 회원이나 임명받은 목사들을 말합니다. 이 직분도 교육사(DCE)와 마찬가지로 '목사 분과위'와 협력하는 '목사 회의 위원회'를 통해 연회에서 자격을 받게 됩니다.

Ministry, 1988, 3.

넷째, 준 교육사(Associate in Christian Education, 약자로 A. C. E)입니다. 준 교육사는 이 직분에 대한 '고등 교육위원회'의 규정에 합치하는 사람을 말합니다. 준 교육사는 '목사 분과위'와 협력하는 '목사 회의 위원회'를 통해 연회에서 자격을 받게 됩니다.

다섯째, 예비 교육 보조자(Educational Assistant)입니다. 이 명칭은 개 교회에서 기독교 교육자로 고용된 사람으로서 '고등 교육 및 사역 위원회'가 제정한 위 세 가지 직분 어느 곳에도 자격이 모자라는 이들을 지칭합니다. 이들에 대한 최근의 목록들은 자격증을 취득하기 위한 잠정적인 신청자로 '회의 위원회'에서 권리를 옹호하고 있습니다.

본 저서에서는 앞서 교육(목)사 제도를 시행하고 있는 미국 교회의 명칭을 한국 교회에 맞도록 사용할 것이며 세 가지의 용어를 사용하려 합니다.

첫째, 교육 목사입니다. 교육 목사는 총회가 정한 기간의 신학 과정을 마치고, 대학 또는 대학원 과정에서 기독교 교육을 전공한 후, 목사 안수를 받고 교육에 관한 모든 것을 담당하는 교육전담 목사를 지칭합니다.[16]

둘째, 교육사입니다. 교육사는 교육 목사와 동등한 과정을 거

---

16 김주철, "교육 목사가 본 교육 목사제," 『교육교회』, 제202호 (1993. 4): 14.
　　최대석, "교육 목사 제도의 정착을 기대하며," 제202호 (1993. 4): 23. 고용
　　수 외 4인, "교육사 제도를 생각한다." 『교육교회』, 제206호 (1993. 9): 20.

치되 목사 안수를 받지 않은 사람을 지칭합니다.[17]

셋째, 교육 간사(교육 보조자)입니다.[18] 교육 간사는 전문직의 자격 요건에는 미달하지만, 교회에서 교육 목사 또는 교육사의 지도로 교육적인 일을 담당하는 사람입니다. 1960년대에 한국 교회에 토착화된 '교육 전도사'는 교육 목사 또는 교육사의 지도로 실습하고 봉사하는 역할을 담당하는 사람으로 용어를 정의합니다.

17 김희자, "교육(목)사 제도의 역사적 형성 과정," 『기독교 교육 연구』, 창간호 (1990. 7): 125.
18 고용수 외 4인, "교육사 제도를 생각한다." 『교육교회』, 20.

II.

목회에 있어서 교육의 위치

A. 목회의 본질적 의미

1. 목회의 어원적 의미

목회의 성경적 근거는 먼저 목자(牧者, The Shepherd)와 목양(牧羊, The Shepherding)의 개념에서부터 시작된다고 할 수 있습니다. 사실 목회라는 명칭은 그리스도인 사역에 대한 모든 성경에서 말하는 묘사 가운데 하나님과 인간 사이의 근본적인 개념을 표현해 주는 독특한 용어입니다.[1]

'목회'(Pastors)라는 말은 종교개혁 이후에 쓰인 말로서 헬라어로는 포이멘(ποιμεν)에서 유래된 포이메닉스(Poimenics)라는 동사로 '양 떼를 먹이고 돌보다'는 뜻입니다.[2] 독일어 표현으로

---

1 정성구, 『실천신학 개론』 (서울: 총신대 출판부, 1980), 88.
2 Seward Hiltner, *Preface to Pastoral Theology*, 민경배 역, 『목회신학원

는 Seelsorge라 쓰이고, 화란어로는 Zielzorge입니다. 이 두 낱말은 다 같이 영혼을 돌보다는 뜻의 합성어입니다. 목회를 '영혼을 돌보다'는 개념으로 쓰기 시작한 것은 사실상 종교개혁 때부터입니다. 이는 현대 심리학이나 정신분석학에서의 일반 상식을 바탕으로 하는 영혼치료(Seelenpflege)와 혼돈해서는 안 됩니다.[3] Seelsorge의 Sorge에 대하여 생각해 봅니다. 이 말이 지닌 의미는 "치료" 또는 "돌봄"인데 특히 어머니가 어린아이를 돌본다는 의미입니다. 또 간호사가 환자를 돌본다는 뜻이 있습니다. 원래 이 말은 걱정, 근심, 불안을 돌보아 주는 것으로 해석되는 라틴어 "Cure"에서 유래되었습니다. 영어로는 "Care"(돌봄)와 "Cure"(치료)의 두 가지 의미가 있습니다. 그래서 목회를 "Care of Souls"로 해석합니다.[4] 와이즈(C. A. Wise)는 목회(Pastoral Care)에서 "Care"는 관심이며 "의학적 돌봄"(Medical Care)과는 구별되는 것이라고 합니다.[5] 그러므로 목회는 전인(全人)으로서의 인간 영혼을 복음으로 구원받게 하려고 각 개인에게 관심을 가지고 하나님의 사랑으로 영혼을 돌본다는 의미입니다.[6]

론』(서울 : 대한기독교서회, 1986), 13.

3 위의 책, 89.

4 D. D. Williams, *The Minister and The Care of Souls*, (New York: Harper and Brothers, 1961), 9.

5 C. A. Wise, *The Meaning of Pastoral Care*, (New York: Haper and Row publisher, 1966), 1-2.

6 정성구, 『실천신학 개론』, 92.

2. 목회의 본질

목회란 충성, 섬김 등의 양식으로 종이 주인에게 나타내는 관계 형식입니다. 그런데 우리의 목회는 주인이 종을 섬기듯 하는 하나님의 교역에 근거한 것입니다.[7] 임택진은 목사의 임무에 국한하여 교역 혹은 목회란 "광의로는 설교, 성례 집행, 교회의 관리 및 운영, 평신도 지도, 훈련 및 교육을 뜻하고 협의로는 상술한 설교와 성례 집행을 제외한 경우를 말한다."라고 하였고,[8] 에드워드 투루니젠(Edward Thurneysen)은 목회란 "개개인의 신자를 설교와 성례전을 중심으로 해서 하나님의 말씀으로 교육하고 교회 규율에 따라 교회적으로 그들을 훈련하는 것이라."[9]고 합니다. 김득렬은 목회는 두 가지 뜻이 있는데[10] 첫째는 목사라는 명사의 기능적인 연장으로서 목사가 행하는 모든 활동이 목회입니다. 둘째는 목사의 본디 뜻을 강조하는 것으로 양 떼를 먹이고 돌보는 것과 같은 의미의 역할입니다. 이렇게 볼 때 목사가 목회하는 근본적인 태도와 방법 들을 표시한다고 할 수 있으며, 목자로서의 목회자가 교회에 대한 전폭적인 책임과 모든 기능을 맡아

---

7 Maria Marris, *Fashion Me A People-Curriculum in the Church*, (Kentucky Louisville : Westminster/John Knox Press, 1989), 24-25.

8 임택진, 『목회자가 쓴 목회학』 (서울: 대한 예수교 장로회 총회 출판부, 1982), 14.

9 Edward Thurneysen, *Die Lehre Von der Seelsorge*, 박근원 역, 『목회학 원론』(서울: 한국 신학 연구소, 1987), 45.

10 김득렬, "교육적 목회," 『교육교회』, 제111호 (1985. 1): 4.

행하는 것이 목회라고 할 수 있습니다.

목회란 현실적으로 목회자가 된 사람이 평신도들을 먹이는 것으로 나타나지만 원칙적으로는 목회자의 독자적인 일이 아니라 주 예수 그리스도께서 성령을 통하여 그의 백성 된 성도들을 먹이시고, 지키시고, 보살피시고 이끄시는 일에 예수 그리스도의 위탁을 받아 동참하는 일이라고 할 것입니다.[11]

목회란 그리스도의 사역에 참여하는 일[12]로 여기에는 구원을 얻게 하는 사역과 세상을 사랑하고 봉사하는 섬김의 사역이 있습니다.[13] 은준관은 이것을 교회가 가진 구조가 만남의 구조와 섬김의 구조로 조화를 이루어야 한다고 합니다.[14]

결국, 목회라는 말은 양 떼를 떠나서는 생각할 수 없으며, 그 양 떼는 바로 하나님의 사랑의 대상인 인간입니다. 그 인간을 돌보기 위하여 교회를 세우고 생존하게 합니다. 목회는 각 개인을 죄로부터 건져내어 성화와 훈련의 행위를 통한 유기체적인 신앙공동체를 형성하는 일입니다. 나아가 교회의 사명인 선교, 교육, 봉사, 친교의 기능을 보다 효율적으로 수행하도록 하여 온전

---

11 박동현, "2,000년대를 향한 한국 교회의 과제,"『풀빛 목회』, 제119호 (1991. 12): 33-35.

12 Thomas C. Oden, *Pastoral Theology*, 오성춘 역,『목회신학』(서울: 대한 예수교 장로회 총회 출판국, 1990), 30.

13 정영택, "교육 목회를 위한 논단 I-교육목회 서설,"『교육교회』, 제269호 (1989. 5): 453-54.

14 은준관,『교회·선교·교육』(서울: 전망사, 1985), 195. 목회라는 성경적인 의미는 처음부터 봉사와 섬김을 의미하였으며, 이 섬김으로써의 봉사는 전원의 봉사이다.

성 회복 즉 하나님의 형상을 회복하게 하는데 목회의 본질이 있습니다.[15]

목회란 요구를 지닌 다른 개인들에게 응답하시는 그리스도의 계속된 활동에 가담하는 실제적인 봉사입니다.[16] 힐트너(S. Hiltner)는 목양이란 결국 목사가 교회에서 하는 일 전부를 가리킨다는 취지에서 보고 있습니다. 목회는 목양으로서의 관점과 목회에 있어서 목양이 핵심적이고 중심적이라는 원칙은 기독교가 지니는 독특한 국면임을 그는 시사합니다.[17]

B. 교육의 본질적 의미

1. 교육의 어원적 의미

교육이란 무엇입니까? 역사적 과정을 통해서 이 근본적인 물음에 대한 서로 다른 수많은 해답이 제시되었습니다. 철학자들과 교육자들은 교육의 근본적인 특성을 설명하기 위해서 인간의 삶의 측면들에 대한 참된 견해라고 주장해 온 생물학적, 심리학적, 사회적, 윤리적 그리고 다른 많은 해석이 있습니다.[18]

---

15 Edward Thurneysen, *Die Lehre Von der Seelsorge*, 45.

16 오인탁, 『교육목회 지침서』 (서울: 장로회 신학대학 출판부, 1980), 29.

17 Seward. Hiltner, *Preface to Pastoral Theology*, 3.

18 Arnold De Graaff, *The Educational Ministry of the Church*, 신청기 역, 『교육목회학』 (서울: 기독교 문서 선교회, 1989), 116.

교육은 영어로 "Education"입니다. 그 어원은 라틴어에서 왔습니다. 일반적으로 라틴말 "Educere : Educuetus-Sum"에서 생긴 말이라고 하나 그보다는 "Educare : Educatus-Sum"에서 유래됐다고 하는 것이 더 정확합니다.[19]

"Educere"의 뜻은 "밖으로(E) 끌어내다(Ducere)", "끄집어내다"라는 뜻이며 이 뜻은 교육받을 인간이 타고난 선천적인 소질과 능력을 잘 신장 발달시켜 훌륭한 인간상으로 길러 낸다는 뜻이 됩니다. 한마디로 말하면 "나타낸다."하는 것으로 영어의 "Expression"에 해당하는 말입니다.[20]

그러나 라틴어의 "Educare : Educatus-Sum"은 영어의 "To Nourish"에 해당합니다. 우리말의 "훈육하다", "기른다."입니다. 기독교 교육에서 많이 사용하는 "Nurture"라는 영어도 이 말에서 기원했습니다. "To Train", "To Stimulate", "To Guide"란 말도 이상적 교사가 가지는 특색으로서 이 말에서 의미합니다.

영어의 "Impression"은 "깊은 인상을 준다.", "영향을 준다."라는 뜻입니다. "Educare"의 본질을 드러내는 말입니다. 그러므로 교육은 진정한 의미에서 "Expression"과 "Impression"이 함께하는 것입니다.[21]

---

19 반피득, 『기독교 교육』(서울: 대한 기독교 출판사, 1966), 45.
20 위의 책.
21 위의 책.

2. 교육의 본질

교육에 대한 지금까지의 여러 정의를 살펴보면 다음과 같습니다.[22] 칸트(I. Kant)는 "교육은 인간을 인간답게 형성하는 작용"이라고 하였고, 페스탈로치(J. H. Pestalozz)는 "교육은 사회 혁명의 계획적인 수단"이라고 하였으며, 쉐릴(L. J. Sherrill)은 "사람이 하나님의 계시로 변화를 받아 인간답게 하는 것이다"라고 합니다.

반피득은 두 가지 점을 강조하여 이를 정의합니다. 먼저 교육은 채워 주는 과정(Infilling)입니다. 사상의 개발, 이념의 형성을 꾀하는 것입니다. 이것이 곧 "Impression"으로서 기르고 훈련하고 가르치는 일입니다. 그뿐 아니라 피교육자가 문화적 유산과 조직된 경험에 접촉하게 하는 것입니다. 낡은 교육 이념으로 배척받지만, 교육의 중요한 국면을 차지하고 있습니다.[23] 다른 하나는 교육은 끌어내는(Drawing Out) 과정입니다. 피교육자의 선천적 재질과 흥미를 재발견하여 활동, 유희, 실험을 통해 창조적, 독자적 생활 방식을 수립하는 것입니다.[24]

쟈스마(C. Jaarsma)는 "우리가 미성숙 인과 어린이에게 이들이 가진 자원을 개발(開發)하도록 지도함으로써, 이들이 성숙한

---

22 김재술, 『목회학』(서울: 세종문화사, 1979), 117.
23 반피득, 『기독교 교육』, 45.
24 위의 책.

인격을 형성할 수 있도록 하는 과정"이라고 합니다.[25]

17세기의 위대한 교육자 코메니우스(J. A. Comenius)는 "하나님의 형상대로 지음을 받은 그대로의 사람들이 되도록 하는 교육이야말로 하나님이 최고선으로 창조한 자연의 법칙에 따르는 것이다."[26]라고 합니다. 즉 교육의 궁극적인 목적은 하나님의 형상대로 창조 받은 그 형상을 회복시키는 것입니다.

교육의 본질적 의미는 라이트(G. R. Knight)가 말한 것처럼 "하나님의 회복적 노력의 팔이며, 교육은 구속적 활동으로 보입니다."[27] 이렇게 볼 때, 진정한 교육이란 성경의 기록대로 하나님이 사람을 자기의 형상대로 창조하신 그 본래의 상태로 회복시키는 것이며, 사람들이 그리스도 안에서 깊은 의미가 있고 그리스도 중심으로 살게 하는 것입니다.

이러한 교육의 정의를 볼 때, 즉 "하나님의 형상 회복"으로 그리스도의 장성한 분량이 충만한 데까지 이르게 하는 것(엡 4:13)이 교육이라고 할 수 있습니다. 그것은 저절로 이루어지는 것이 아니라 역시 계획적이며 조직적이고 지속적인 교육에 의해서만 바람직하게 이루어지는 것입니다.

---

25 C. Jaarsma, *Human Development: Learing and Teaching*, (Grand Rapids : Erdmans, 1961), 58.

26 C. B. Eavey, *History of Christian Education*, (Chicago: Moody Press, 1965), 15.

27 G. R. Knight, *Philosophy and Education*, 박영철 역, 『철학과 기독교 교육』(서울: 침례 신학대학 출판부, 1987), 221-24.

3. 교회교육에 대한 이해

기독교 교육과 교회교육과의 관계에 있어서 기독교 교육이 기독교적인 관점에서 교육을 보는 것이라면 교회교육이란 교회에서 실행이 되는 교육이라고 할 수 있습니다. 물론 교회교육도 기독교 교육과 같이 기독교적인 관점에서 시행되는 교육입니다.[28]

도날드 트라우튼(Donald J. Trouten)에 의하면 "교회교육은 교회 활동을 통하여 복음을 전달할 목적으로 시행하는 것으로 성경 지식이 밝히 전해지고 개인은 그리스도에 대한 신앙고백을 하여 영적인 성숙을 향해 성장하도록 하는 것이다."[29]라고 정의합니다. 이러한 정의는 그 본질에 있어서 기독교 교육의 정의와 구별되지 않습니다.

그러면 기독교 교육이란 무엇입니까? 토마스 그룹(Thomas H. Groome)에 의하면 "사람들이 기독교인들로 살 수 있게 하는 것, 즉 기독교 신앙인의 삶을 살 수 있게 하는 것입니다. 다시 말하면 생활을 변화시키는 것이 기독교 교육이다."[30]라고 합니다. 루이스 쉐릴(Lewis J. Sherrill)이 바라보는 기독교 교육은 "실존적인 인간들이 하나님과의 관계에서, 다른 사람들과의 관계에서, 세계와 자기 자신과의 관계에서 심각한 변화가 일어나도록

---

28 한춘기, 『한국 교회와 교육』(서울: 총신대 기독교 교육 연구소, 1990), 130.
29 Donald J. Trouten, "*Church Education,*" *Church Educational Ministries,* (Ilinoi Wheaten: E. T. T. A, 1980), 6.
30 Thomas H. Groome, *Christian Religious Education,* 이기문 역, 『기독교적 종교교육』(서울: 대한 예수교 장로회 총회 출판국, 1989), 65.

지도하고 또 직접 참여하게 하는 기독교 공동체 회원들이 될 수 있도록 만들기 위한 시도이다."[31]라고 합니다. 이러한 기독교 공동체의 기독교 교육의 장은 하나님과 인간이 모두 참여하는 '코이노니아' 관계로서의 기독교 공동체입니다. '코이노니아'는 본질상 하나님의 참여가 이해되고 인정이 되고 있습니다.[32]

이상에서 보듯이 기독교 교육과 교회교육의 차이는 본질적인 면에서 보다는 시행되는 영역의 넓음과 좁음의 차이임을 알 수 있습니다. 교회, 가정, 학교 등, 기타의 단체에서 이루어질 수 있는 것이 기독교 교육입니다. 곧 기독교의 관점에서 교육된다면 장소에 구애됨이 없이 바로 기독교 교육이 되는 것입니다.[33]

기독교 교육이 이렇게 광범위하게 이해되고 또 광범위하게 그 영역을 차지하고 있지만, 교회교육은 교회 안에서 이루어지는 교육을 말합니다. 다시 말하면 모든 교회교육은 기독교 교육이라 할 수 있습니다. 그러나 모든 기독교 교육이 교회교육은 결코 아닙니다. 교회교육은 기독교 교육의 한 분야라고 할 수 있습니다. 곧 교회 교육은 기독교 교육의 충분조건이요, 기독교 교육은 교회교육의 필요조건입니다.[34]

교회교육은 교회의 창시자인 하나님의 교육에 근거합니다. 교회는 하나님과 인간의 온전한 관계 회복을 이루기 위하여 하나

31 Lewis J. Sherrill, *The Gift of Power*, 김재은, 장기옥 공역, 『만남의 기독교 교육』 (서울: 대한 기독교 출판사, 1990), 114.
32 위의 책.
33 한춘기, 『한국 교회와 교육』, 131.
34 위의 책.

님과의 대화적인 기초를 마련하여 줍니다. 그러한 면에서 교회는 하나님이 인간을 교육하기 위하여 특별하게 사용하시는 통로입니다. 여기에서 교회교육의 이상은 인간의 합리적인 의지 때문에 설정된 규범이 아니고 인간을 향한 하나님의 뜻에 있습니다. 즉 교회교육의 핵심은 예수 그리스도의 복음에 기초하여 바람직한 차원인 예수 그리스도의 장성한 믿음의 분량으로 학생들을 끌어올리는 의도적인 노력입니다.[35]

C. 목회와 교육의 관계

1. 목회와 교육의 상관성

화란의 신학자 아브라함 카이퍼(Abraham Kuyper)의 실천신학의 학문적 범위 설정 이론에서 4부분으로 나누고 있습니다. 그는 교육적 과목, 봉사적 과목, 다스림 과목, 평신도 과목 등으로 나누고 있습니다. 그 첫 번째 부분이 바로 교육적 과목입니다. 교육적 과목의 내용은 설교학, 예배학, 교리문답, 선교 및 전도 등입니다.[36] 여기서 주목하고 싶은 것은 교육적 과목에 대한 것입니다. 아브라함 카이퍼(Abraham Kuyper)의 이론이 어느 정도 정당성을 갖는지 아닌지를 말할 수는 없으나 실천신학에서 다루

---

35 고용수, "올바른 교회교육의 이해," 『교육교회』, 제158호 (1987.1): 32-33.
36 정성구, 『실천신학 개론』, 28.

는 핵심적인 과목이 바로 교육적 과목이라는 것입니다. 다시 말하면 목회는 교육과 깊은 관계 속에 있는 것입니다. 또한, 이것은 목회에서 가르침 즉 교회의 교육적 사명이 얼마나 큰가를 보여주고 있습니다. 이 관계가 성경에서는 흔히 히브리적인 이미지인 목자와 양의 관계로 표시되어 있습니다. 즉 선한 목자가 양들을 잘 먹이고 돌보아서 양의 구실을 잘 하도록 해야 한다는 것입니다. 다시 말해서 양은 저절로 성장하고 성숙해지지 못하기 때문에 목자가 잘 인도하고 먹이고 보호하고 여러 가지로 돌보아야만 합니다. 이처럼 하나님의 교회에는 목사가 있어서 성도들을 보살피고 가르쳐서 보다 성숙한 하나님의 자녀로 성장시켜야 하는 것입니다. 성숙한 성도는 저절로 나타나는 것이 아닙니다. 가르치는 자가 반드시 있어야 하고 교육이라는 적극적인 수단과 과정이 필요합니다. 그런 관계에서 볼 때 한자 표기 "敎會"는 가르칠 "교"(敎) 자와 모임 "회" 또는 무리 "회"(會)로서 표현되었는데 이것은 하나님의 말씀에 대해 가르침을 받기 위해 모여 온 무리(하나님의 백성)를 뜻합니다.[37] 이것은 교회가 목회 사역의 현장으로서 그 중심이 교육하는 기구의 역할이 막중함을 뜻한다고 할 것입니다. 다시 말하면, 우리의 목회 사역이 교육과 깊은 연관 속에 있음을 인식해야만 합니다.

교육과 목회의 관련성은 예수님의 말씀인 "내가 온 것은 양으로 생명을 얻게 하고 더 풍성히 얻게 하려는 것이다."(요 10:10)

---

37 정일웅, "한국 교회의 새로운 목회관," 『목사 계속 교육 강의집 1권』 (서울: 유니언 학술자료원, 1990), 215.

에서 찾을 수 있습니다. 목회는 몸의 개별과 연합적인 성장을 위해 성령이 주신 은사를 사용하여 각 신자가 서로 섬기며 서로를 뒷받침하는 일에 관여함을 의미합니다.[38] 목회에 대한 이와 같은 견해는 우리를 한 몸 안에 존재하는 상호 인격적인 관계로 이끌어 줍니다. 기독교 교육은 결코 개체의 생활만을 다루지 않습니다. 그리스도 안의 집합체와 개체의 성장을 돌보는 몸 안의 과정과 관련이 있습니다.[39]

신자들 속에 하나님의 공유된 생명은 서로 연결되어서 그리스도의 몸으로 하나로 묶여 있습니다. 따라서 그리스도의 교회는 하나의 조직체가 아니라 살아 움직이는 유기체입니다.[40] 이 점에서 그 성장과 양육의 원리는 성격상 조직체의 표현에서가 아니라 유기체로 모색이 되어야 합니다.

목회를 포함한 모든 교역의 과정은 기독교 교육의 관심사가 되어야 합니다. 목회를 포함한 기독교 공동체의 교역이[41] 신자들의 신앙생활 지도를 중요시하는 것은 바로 신앙생활이 하나님의 창조적인 형상을 회복하는 일이며 그들이 있는 주변 사회를 변하게 하는 원동력이기 때문입니다.[42]

---

38 고용수, "교육과 목회," 『교육교회』, 제208호 (1983. 6-7): 299.
39 위의 책, 291.
40 위의 책.
41 김형래, 『기독교 교육의 기초』(서울: 대한 예수교 장로회 총회 출판국, 1990), p. 31. 기독교 교육은 교회적이어야 하지만 어떤 일정한 개교회 안에 국한되는 것은 아니다. 기독교 교육은 그 범위가 넓다. 따라서 기독교 교육은 목회보다 교역이라는 넓은 차원에서 다루어져야 한다고 하였다.
42 위의 책, 33-34.

랜돌프 밀러(Rendolph C. Miller)는 "목회를 통하여 기독교 교육이 있듯이 목회를 위한 기독교 교육이 있어야 합니다. 목회에 도움을 주고받는 동안 교육이 시행되는 것이다."[43]라고 합니다.

목회란 그리스도인이 그리스도인다운 삶을 살게 하는 것입니다. 여기에 바로 그리스도인다운 삶을 형성시키는 기독교 교육 자체가 목회의 사역이 되는 것입니다. 기독교 교육은 목회를 가장 활동력 있고 다양하게 하는데 타당하고 박력 있는 전략입니다. 목회자는 항상 교육적인 의도를 가지고 올바른 방향을 인식하면서 목회를 해 나아가야 합니다.[44] 목회에 있어서 효율적인 책임 수행을 위한 임무인 교육적 기능의 실제는 다음과 같습니다.[45]

첫째, 교육은 소명의 범위를 재검토하고 측정합니다. 이는 예수 그리스도 안에서 구속의 부르심과 예수 그리스도를 위한 섬김의 부르심에 참여하는 것입니다.

둘째, 교육은 전폭적인 목회사역의 책임을 수행하는 것입니다. 성경을 통하여 볼 때, 목회 상에 있어서 교육의 기능이 얼마나 중요한가를 판단하지 않을 수 없습니다.

셋째, 교육은 목회의 의미를 확고하게 해줍니다. 교육은 성경에서 말하는 기능, 교회의 목적을 확대, 기독인의 헌신을 추구,

---

43 Rendolph C. Miller, *Christian Nurture and The Church*, 서광선, 박형규 공역, 『기독교 교육과 교회』(서울: 대한 기독교 교육협회, 1991), 34-37.
44 정영택, "85년도 목회정책 수립을 위한 교육적인 제안," 『교육교회』, 제201호 (1984. 12): 692-94.
45 천병욱, "목회에 있어서 교육의 기능," 『기독교 교육』, 제192호 (1983. 9): 10-14.

새 신자를 양육하는 일을 합니다. 설교만으로는 목회가 충분하지 않기 때문에 교육은 목회의 의미를 더욱 중요하게 만듭니다.

기독교 교육은 지식을 산출할 뿐만 아니라 하나의 공동체, 곧 이 세상에서 예수 그리스도를 닮은 사람들의 공동체를 산출합니다.[46] 그 통로는 하나님께서 창조한 교회를 통해서입니다. 교회 자체가 하나님의 교육기관입니다. 스마트(J. D. Smart)는 다음과 같이 이 사실을 주장합니다.[47]

"기독교 교육이 독특한 연구와 행동의 분야로 교회 안에 존재하게 된 것은 예수 그리스도의 교회가 필연적으로 교육적 기능을 가진다는 주장에 기인하는 것이다. 교회는 선교하여야 하는 것처럼 교육에도 주력해야 한다. 그렇지 않으면 교회가 교회일 수가 없을 것이다. 가르친다는 실제적 책임은 교회 회원 중 특정한 수의 사람에게만 맡겨진 것이 사실이기는 하지만 교육에 대한 책임은 온 교회 전체에 지워진 일이다. 마치 설교하는 일과 성례를 집행하는 일이 제한된 수(數)의 사람들만의 실제적인 책임이기는 하지만 복음을 순수하게 전하고 성례를 올바르게 집행하는 일을 유지할 책임은 교회 전체 위에 있는 것과 마찬가지이다. 교육은 교회의 본질에 속한 일이다. 따라서 그 기능을 소홀히 하는 교회는 교회로서의 본질에 반드시 갖추어져 있어야 할

---

46 고용수, "교육과 목회," 『교육교회』, 294.
47 James D. Smart, *The Teaching Ministry of the Church*, 장윤철 역, 『교회의 교육적 사명』 (서울: 대한 기독교 교육협회, 1991), 9.

필수 불가결한 한 요소를 잃어버린 교회인 것이다. 복음이 순수하게 전해지지 않는 교회나 성례가 올바르게 집행되지 않고 있는 교회가 결함 있는 불완전한 교회일 수밖에 없는 것 같이 교육적 기능이 제대로 움직이지 않는 교회는 결함을 지닌 교회일 수밖에 없다."

실질적으로 교회는 성령의 능력 안에 있는 것이며, 그러한 모든 교회의 활동 자체가 곧 교육적인 것입니다.[48] 그러므로 목회와 교육, 교육과 목회는 분리적이거나 개별적이 아닌 유기적인 관계로 나아가야 합니다. 그렇게 할 때 교회의 교육과 목회는 서로 상관성을 갖게 되며, 그 속에서 새로운 만남과 교육 목회로서의 창의성과 진취성을 발휘할 수 있을 것입니다. 교육은 목회자 자신을 훈련할 뿐만 아니라 양들을 양육시키는 그 자체입니다. 이런 면에서 교육과 목회는 동전의 양면처럼 같은 한 사건의 다른 표현에 불과한 것입니다. 목회가 영적으로 죽은 사람을 예수 그리스도를 통하여 거듭나게 하고 하나님과 교제하여 영원한 행복을 누리게 하는 것이라면 교육도 목회의 궁극적인 목표가 되지 않으면 안 될 것입니다.

---

48 오인탁, 『교육목회 지침서』, 45-52.

2. 교육적 목회

교육적 목회란 목회의 다양한 차원들을 교육적 견지에서 이해하고 성도와 교회의 성숙을 도모하는 목회 철학이요, 그 실천이라 말할 수 있습니다.[49] 이미 앞에서 생각하였듯이 목회는 두 가지 뜻을 담고 있습니다. 첫째, 목사라는 명사의 기능적인 연장으로서 목사가 행하는 모든 활동이 목회입니다. 둘째, 목사의 본디 뜻을 강조하는 것으로 양 떼를 먹이고 돌보는 것입니다.[50]

이렇게 볼 때 이것은 모두가 목사가 목회하는 근본적인 태도와 방법들을 표시하는 것으로, 목회자의 교회에 대한 전폭적인 책임과 기능들을 포괄적으로 말하는 것입니다. 양을 먹이는 목회자로서의 큰 본분은 목자 장이 되시는 예수 그리스도를 통하여 분명하게 보여줍니다. 목자로서 예수 그리스도의 목양 방법은 예수님 당시에 시행하였던 것이나 그 정신에 있어서 오늘날과 다를 바가 없습니다.[51]

특히 오늘날은 급속히 발달한 각종 심리학, 사회학, 교육학은 신학과 더불어 급변하는 시대 안에서 생활하고 있는 사람들을 목회하는 데 도움을 줄 수 있는 기독교 교육학을 이룩했습니다.

---

49 신현광, 『교육목회와 교회성장』 (서울: 민영사, 1997), 87.
50 김득렬, "교육적 목회," 『교회와 신학』 제1집 (서울: 장로회 신학대학 출판부, 1965): 58-65. 목사의 칭호에 있어서 목사는 말씀과 성례전의 전례적인 의식을 집전하고, 목회자는 문자적인 의미로서 양 떼를 돌보는 사람이지만 통상적으로 교구를 관리하는 사람을 의미한다.
51 위의 책, 58-59.

기독교 교육은 모든 사람을 복음에 따라 회심하게 하고, 양육하는 목회의 목적과 다를 바가 없습니다. 그러므로 교육적인 목회란 더욱 성경적이고 효율적인 방법으로 목회를 하려는 태도와 방법이라 할 수 있습니다. 여기에서 목회가 교육적인 목회가 되는 몇 가지의 요소들을 김득렬이 제시하고 있는데 그것들은 다음과 같습니다.

첫째, 교육적 목회는 하나님의 계시에서부터 출발합니다. 목회는 신구약을 일관하며, 우리를 찾아 구원하시는 하나님의 사랑 계시에서부터 출발합니다. 교육적인 목회학은 예수 그리스도 안에서 보여주신 하나님의 계시입니다. 그 계시가 향하는 사람들과 관련성을 갖게 하며 각자가 계시된 복음에 따라 모든 관계에서 생활하게 하는 것입니다. 교육적인 목회는 한 마디로 표현하면 계시의 본성에 따라 목회하는 것입니다.

둘째, 교우들의 형편에 입각합니다. 선한 목자는 양의 이름을 부르면서 양들의 필요를 돌보듯이 교육적인 목회는 서로 다른 사람들의 형편을 이해하고 그들의 구체적인 문제에 복음을 관련지어 갑니다. 목회자의 관심은 모든 사람의 문제를 복음의 빛 아래에서 해결하고, 새로운 관계들을 하나님과 교회, 자연계와 이웃들과 맺게 하고, 더 나아가서는 자기 자신과의 관계에 이르기까지 새롭게 하려는 것입니다. 그러므로 목회자는 각 개인의 관점에서 그들을 이해하고 그들이 복음 안에서 생활하도록 지도할 수밖에 없습니다.

셋째, 구체적인 방법의 사용입니다. 하나님의 계시는 추상적인 이론이 아니라 예수 그리스도 안에서 말씀이 육신이 되어 우리 안에 거하시는 구체적인 계시입니다. 이 계시를 사람들에게 전하는 방법도 하나님의 계시와 마찬가지로 구체적입니다. 영아기에 처하여 있는 어린아이로부터 갈등이 많은 사춘기에 접어든 청소년, 결혼이라는 새로운 국면의 책임과 무거운 생활에 들어간 청장년, 평생의 벗을 사별하고 경제적으로 무능력하여 짐으로 자신을 무용지물로 생각하며 고독과 실의에 몸부림치는 노인들에게 이르기까지 하나님의 역동적인 사랑의 복음이 구체적으로 하나하나에 관련을 지음으로 그들의 당면 과제를 해결하게 하고 믿음 안에서 계속 성숙하여 갈 수 있도록 도와주어야 합니다. 이것이 교육적 목회의 방법입니다.

넷째, 교육적 목회의 용어를 사용하는 것입니다. 교육적 목회 용어는 말로 된 언어와 관계 언어 두 가지를 동시에 병행해야 합니다. 교육적 목회용어는 말씀이 육신이 되신 것 같이 구체적 관계로 된 언어로서 복음의 진리를 전달해야 합니다.

다섯째, 교회를 중심으로 해야 합니다. 하나님의 구속 진리는 책 속에 가두어 둘 수 있는 것이 아닙니다. 영원한 복음의 진리가 관계의 말로 번역이 되는 교회 안에서 생활이 되어야 합니다. 교회는 하나님의 계시된 진리의 터전입니다. 성령의 지도로 교회에서 사람들은 하나님의 사랑과 용서, 화목의 진리를 체득하게 되므로 옛사람을 벗어버리고 새 사람을 입어 하나님과 교회, 자연계와 이웃, 자신과의 관계를 새롭게 맺으면서 성장할 수 있게 됩니다. 교육적 목회는 모이는 교회만을 중심으로 하는 것이 아니라 흩어진 전반적인 생활까지를 포괄합니다. 모이는 교회와 흩어진 교회가 병행하면서 서로 돕고 협력하지 않는 한 목회는 본래의 목적을 달성할 수가 없습니다.

우리는 흔히 목회 사역에서 교육을 말할 때 주일학교 교육을 생각하고 어린이와 청소년만을 교육 대상으로 제한시키는 경우가 많이 있습니다. 기독교 교육 신학자인 코메니우스(J. A. Comenius)는 그의 유명한 책 "Causultatio catholical de Ededarione Rerum Humanrum"(인간 개조를 위한 일반적인 제언)에서 "인간은 모태에서부터 시작하여 늙은이의 죽음을 준비하는 교육에 이르기까지 교육과 불가분의 관계에 있는 교육적 관계로 규명하고 있습니다." [52]

이러한 관계를 볼 때 이제 모든 목회자는 목회를 교육적 관점에서 이해하는 안목이 필요하다고 할 것입니다. 설교도 교육적 관점에서 이해할 뿐만 아니라 예배, 상담, 성경공부도 교육적 관점에서 이해될 필요가 있습니다. 나아가서 목회는 교육적 관점에서 수정되고, 평가되고, 발전되어야 합니다. 신학적으로 우리는 구원론에서 말하는 구원의 순서(順序)처럼, 목회에 있어서 교육적 차원의 과제는 성도의 중생과 성화 작업이 그 중심을 이룬다고 할 수 있습니다. [53]

이상에서 열거한 대로 우리의 목회는 급변하는 시대에 생활하

---

52 정일웅, "한국 교회의 새로운 목회관," 『목사 계속 교육 강의집 1권』, 215-16.
53 조성국, "성화에 있어서 성령(하나님)의 사역과 인간의 책임과의 관계," (미간행 신학석사학위논문, 고신대학 신학대학원, 1987), 초록.

는 사람들이 하나님의 영원한 복음에 따라 살아갈 수 있도록 하기 위한 보다 효과적인 방법으로서 교육적인 목회를 모색하고 실천해야 할 것입니다.

III.

교육(목)사의 제도의
성경적 근거와 역사

A. 교육(목)사의 성경적 근거

    기독교 역사의 오랜 세월 동안 목회 양상은 교육을 하나의 방편으로 인식했거나 아니면 이를 무시한 경향을 취해 왔습니다.[1] 그 결과 교회는 역사의 방향을 밝히는 빛의 역할과 입장에서 떠나게 되었으며 또한 사회 지도자들과 지성인들로부터 소외당하고 외면당하는 처지로 전락해 가고 있습니다. 이 원인은 교육이 빈곤한 목회 현실에서 오는 결과라고 말하지 않을 수 없습니다.[2]

    그래서 교육의 기능을 강화하여 신자들을 육성하고자 할 때 목회의 현장에서 필요한 사람들이 있는데 그들이 바로 교육 전문가

---

1 노 일, "공동목회를 위한 교육(목)사의 역할과 한국적 적용," (미간행 교육석사학위논문, 총신대학교 신학대학원, 1989), 36.
2 천병욱, "목회에 있어서 교육의 기능," 『기독교 교육』, 12.

들입니다. 본 저서에서는 이미 용어 정의에서 밝혔듯이 목회현장
의 교육 전문가를 교육(목)사라고 칭합니다. 교육 목사라 하지 않
고 교육(목)사라고 함은 일의 기능적 분화를 위하여 선택적으로
안수를 받지 않았거나 안수 문제가 해결되지 않은 교육 전문인을
포함하기 때문입니다. 교육(목)사의 성경적 근거를 찾아봅니다.

1. 근원적 교사이신 하나님

우리 그리스도인들에게 있어서 하나님과 우리 사이의 관계는
대단히 중요합니다. 이 관계 안에서 하나님은 우리의 궁극적인
교사로서 즉 영원토록 우리의 교사로서 일하십니다. 파즈미뇨
(Robert W. Pazmino)는 욥의 친구 엘리후가 던진 질문 "(하나
님 외에) 누가 그 같은 교훈을 베풀겠느냐"(욥 36:22)는 말씀을
인용하며 하나님께서 궁극적인 교사되심을 강조합니다.[3]

하나님과 우리 사이의 관계는 초월자이신 하나님이 우리를 위
하신다는 것입니다. 하나님은 사람 위에 계신 분이 아니며 오히
려 사람과 함께하시거나 사람 곁에 계신 분이신데 이러한 모든
것들보다 더 중요한 것은 사람을 위하시는 분이라는 것입니다.
캐더린 라쿠냐(Catherine LaCugna)는 하나님에 대한 우리의
이해를 하나님의 돌보심과 사랑을 보여주는 하나님의 구원 사역

---

3 Robert W. Pazmino, *God our Teacher*, 조혜정 역, 『교사이신 하나님』(서
울: 크리스챤 출판사, 2005), 2.

과 연관시킵니다.[4] 하나님의 돌보심과 사랑은 교육 사역을 통해서 표현되는 인간의 돌보심을 위한 토대를 제공해 줍니다.

하나님이 인간을 위하신다는 가르침 즉 하나님이 우리와 모든 피조물을 위하신다는 기독교의 가르침은 기독교 신앙을 교육하기 위한 기초와 환경을 마련해 줍니다. 하나님이 우리를 위하시기 때문에 함께 공유되고 탐구되는 진리와 함께 다른 이들을 섬기면서 우리의 가르침 안에서 다른 사람을 위해 존재하는 모험을 감수해야 합니다. 하나님이 우리를 위하시기 때문에 우리는 사랑 안에 있는 진리를 감히 말해야 하며 또한 죄의 결과로 죽음과 파멸의 형태들을 직면해야 합니다. 하나님이 우리 모두를 가르칠 수 있다는 기대와 함께 학생들과 가르치는 교사들과 그리고 교육사역에 관계하는 모든 이들을 위하여 기도하게 됩니다.

놀라운 하나님의 사랑과 보살핌의 확장은 우리의 교육적 사역을 통하여 다른 이들을 위한 우리의 보살핌의 기초가 됩니다. 엄청난 하나님의 사랑과 돌보심을 묘사하는 성경 구절은 로마서 8장 31~39절입니다. 확실한 하나님의 사랑이 미치는 범위에 대한 바울의 묘사는 가르침 안에 확장된 다른 사람들을 보살피는 일을 이해하기 위한 기초를 제공합니다. 성부 하나님이 세상을 이처럼 사랑하사 성자 예수님을 이 땅에 보내시고, 성자가 아버지와 함께 성령님을 보내시는 것으로 가장 충만한 사랑의 표현을 반영하고 있습니다. 그리스도의 사랑만이 가장 확실한 신학

---

4 Catherine Mowry LaCugna, *God for Us: The Trinity and Christian Life*, (San Francisco: Haper, 1973), 1.

적 기준이므로 기독교 교육자들은 이것을 그들의 사역의 기준으로 삼아야 합니다. 우리를 위하여 존재하시는 하나님 아버지는 예수 그리스도의 인격과 사역 그리고 그분이 이 땅을 승천하심으로 오순절에 성령님의 오심으로부터 결코 분리될 수 없습니다.

우리를 위하시는 하나님은 가르침 안에서 최고의 모델이 됩니다. 우리를 위해 존재하시는 하나님은 인간과 세상과 모든 피조물의 구원이라는 하나님의 사역으로 표현됩니다. 하나님 구원계획의 가장 중심에는 하나님이 인간을 찾으시는 관계가 자리 잡고 있습니다. 인간을 위해 의도된 풍성한 삶은 삼위일체의 삶에 가장 분명하고 영광스럽게 계시됩니다.

하나님은 우리를 위하시는 관계를 주도하시는 분입니다. 우리를 위하시는 존재라는 것 안에 담긴 교육을 위한 함축된 의미는 사랑과 돌봄의 중심적 위치에 있습니다. 하나님은 우리를 돌보시기 때문에 우리는 다른 사람들을 교육사역으로 돌보아야 합니다. 하나님께서는 삼위일체로 계시하심으로 특별히 우리를 가르칩니다.

하나님은 이 시대와 또 앞으로 올 모든 시대에 있어서 우리의 교사입니다. 성경은 모든 지식이 하나님에게서 온다고 말씀하고 있으며, 교육이란 하나님의 계시를 이해하는 것이라고 설명해 주고 있습니다.[5] 그러므로 하나님은 이스라엘의 근원적인 지식입니다. 하나님은 "교사"로 불립니다(사 30:20). 그는 "내 백성이여

---

5 임계빈, 『성장하는 주일학교는 이런 교사를 원한다』 (서울: 엘맨 출판사, 1997), 53.

내 교훈을 들으며 내 입의 말에 귀를 기울일지어다"(시 78:1)라고 백성에게 명령하고 있습니다. 그는 누구로부터 배울 수 있는 분이 아니며(사 40:13, 요 21:22), 다만 그로부터 우리가 배우고 따를 뿐입니다. 특별히 하나님은 자신의 가르침을 율법과 역사를 통해 보여줍니다(시 119:27). 하나님께서 그의 백성을 가르치는 방법은 철저한 훈련(신 8:3,5)을 통해서입니다. 하나님의 가르침에서 자신은 원형적인 교사로 남고, 모세와 제사장들을 통해 백성들을 가르칩니다(신 4:1,5). 그래서 모세는 백성들에게 후 세대를 가르치라고 명령합니다(신 4:9).

이스라엘의 하나님은 이처럼 지식과 계시의 근원이며 교사의 원형입니다. 하나님은 모든 교육의 근원이심으로, 그의 선지자들에게 자신의 지식을 전달하도록 영감을 주었고(출 35:31-35), 교육이 이스라엘의 지도자들에게 가장 큰 의무 중 하나로 명령받습니다(신 6:6-8 ; 24:8; 렘 32:33; 행 22:3)

2. 위대한 교사이신 예수님

죄 지은 인간을 위한 하나님의 구제책은 성자 예수님이 오신 것입니다. 하나님의 아들은 임마누엘 또는 우리와 함께하시는 하나님으로 알려진 예수 그리스도의 인격 안에 나타나게 됩니다. 성령으로 충만하신 하나님의 사랑하는 아들로서 예수님은 모든 시대와 환경 가운데 기독교 교사들을 위한 탁월한 모델입니다. 예수님의 가르침의 내용, 상황, 사람들을 다양하게 연구함으로써 그리스도인들이 다양한 형태 안에서 기독교 교육을 준비하고 이행하고 평가하는 기준을 가지게 됩니다. 예수님은 가르침의 상황에 대한 대가이며, 가르침의 내용에 대가이며, 또 가르침을 받는 사람들에 대한 대가입니다. 위대한 교사로서 예수님은 효율적인 교육가를 위한 이상을 구현하신 분입니다. 가브리엘 모란(Gabriel Moran)은 가르친다는 것은 어떤 사람이 어떻게 살고 어떻게 죽을 것인가를 보여주는 것이라고 제안합니다.[6] 나사렛 예수님은 모든 사람을 위해 사는 것과 죽는 것을 보여준 가장 경이로운 모델입니다.

예수님은 교사로서 독특한 분입니다. 그는 바로 하나님의 아들이고 동시에 완전한 인간이기 때문입니다. 예수 그리스도의 성육신을 고려할 때 니고데모는 하나님에게서 오신 선생이라 인정해야만 합니다. 우리는 그리스도 안에 모든 지혜와 지식의 보물들이 숨겨져 있음(골 2:3)을 알아야 합니다.

예수님은 가르침의 방식에 있어서 랍비적인 면과 비 랍비적인 면 모두를 다 갖추었습니다.[7] 예수님이 신적 율법을 선포하셨다는 점에서 랍비적입니다(막 12:28-34). 예수님은 회당에서 가르쳤으며(막 1:21-28, 39; 3:1-6), 제자들을 모아 가르쳤으며(막 1:16-20; 3:13-19), 성경을 토론하였으며(막 11:27-33; 12:13-17), 전형적인 자세인 앉아서 가르쳤으며(마 5:1; 막 4:1;

---

6 Gabriel Moran, *Showing How: The Act of Teaching*, (Valley Forge, Pa: Trinity, 1977), 39.
7 Robert W. Pazmino, 『교사이신 하나님』, 79-80.

9:35), 그리고 성경을 인용하면서 가르치셨습니다(막 2:25-26). 이 모든 방법 가운데 랍비들이 지혜를 전해주는 거룩하고 존경할 만한 역할을 감당했던 것처럼 예수님도 랍비들의 기준을 따랐습니다. 동시에 예수님은 비 랍비적 방식을 따랐습니다. 예수님은 집 밖에서 가르쳤습니다(막 2:13; 6:32-44). 그는 여자들과 세리들과 죄인들과 어린아이들을 가르쳤습니다(마 11:16-19; 막 2:14-17; 10:13-16; 눅 7:39).

지혜와 영향력으로 보면 예수님은 요나와 솔로몬보다 큽니다(마 12:38-42). 그리고 그는 예언자이자 교사입니다(막 6:1-6). 또한, 모든 다른 사람들로부터 예수님의 가르침을 구분하는데 그것은 하나님의 아들로서 예수님의 유일한 구속적 사명입니다.

예수 그리스도께서는 위대한 교사입니다. 예수님께서 과연 진정한 교육자이며 교육을 하려고 오신 교사였는지 그 증거를 성경 속에서 살펴보면 다음과 같습니다.

복음서 기자들은 예수님에 대하여 "선생"이라는 호칭을 여러 차례 사용합니다.[8] 예를 들면 마태복음 8장 19절에 한 서기관이 예수님을 부를 때 "선생님이시여…" 라고 불렀으며, 마가복음 5장 35절에서 회당장이 자기 딸을 고쳐 달라고 할 때도 예수님을 선생님이라고 불렀습니다. 그리고 누가복음 7장 40절에서 예수님께서 베드로를 불러 말씀하려 할 때, 시몬의 대답이 "선생님 말씀하소서"라고 하였고, 요한복음 1장 38절에서도 요한의 두 제

---

8 천정웅, "교사로서의 예수님," 『교회교육 현장 백과 1』(서울: 말씀과 만남, 1994), 55-56.

자가 예수님을 보고 '랍비'(선생님)라고 불렀던 모습을 볼 수 있습니다. 이 밖에도 예수님을 "선생님"이라고 부른 경우를 여러 곳에서 찾아볼 수 있습니다.

예수님께서는 자신을 가리켜 스스로 말씀하시기를 "나는 선생이다."라고 합니다(요 13:13). 키텔(Kittel)의 신약 신학 사전은 예수님 자신이 직접 선생이라는 용어를 29번 사용했다고 밝히고 있습니다.[9] 예수님의 제자들은 복음서 전체에서 예수님을 계속 선생님이라고 불렀고, 예수님은 선생의 관점에서 제자들을 가르치고 훈련했습니다. 예수님은 그의 사역을 하시는데 두 가지의 큰 수단으로 기적과 교육을 사용했습니다. 그러나 둘 가운데 교육이 훨씬 더 중요합니다. 그뿐 아니라 예수님은 설교하시는 사역보다 가르치는 교사의 사역에 더욱 중점을 두고 공생애를 살았습니다.

예수님을 따르는 많은 무리와 추종자들도 예수님을 선생이라고 부릅니다. 니고데모와 같은 관원들도 예수님을 "하나님께로 오신 선생"으로 불렀고(요 3:2), 심지어 예수님을 반대했던 바리새인, 서기관, 사두개인, 율법사, 헤롯 당원들까지도 예수님을 "선생님"으로 호칭합니다(마 8:19; 22:16). 키텔(Kittel)은 신약성경에 다른 사람이 예수님을 선생이라고 부른 것이 58회 사용되었고, 복음서에만 48회, 그 가운데 41회는 예수님께 붙여진 명칭이라고 분류합니다.[10] 선생이라는 다른 명칭으로는 랍비

---

9 김문철, 『교회교육 교사론』 (서울: 종로서적, 1991), 19.
10 천정웅, "교사로서의 예수님," 『교회교육 현장 백과 1』, 55-56.

(ραββι) 혹은 랍오니(ραβουνι)라는 이름으로 14회 사용되고 있습니다. 본래 "나의 위대한 분"을 의미하는 아람어인 랍비는 유대인의 율법 교사를 일컫는 존칭어입니다. 당시 랍비는 서기관과 다른 권세를 지닌 사람에 대한 존칭이기도 합니다.

이처럼 예수님은 분명히 당시 유대 사회에서 선생님으로 인정되었음이 틀림없습니다. "예수께서 이 말씀을 마치시매 무리들이 그 가르치심에 놀라니 이는 그 가르치시는 것이 권세 있는 자와 같고 저희 서기관들과 같지 아니함일러라"(마 7:28,29).

공관복음서 기자들은 예수님의 전도 활동은 갈릴리 회당에서부터 시작하고 있음을 기록하고 있습니다. 예수님은 유대인의 풍속과 습관대로 회당에서 성경을 가르치셨습니다. 그 당시의 회당은 백성의 학교로서 유대인들에게는 중요한 교육기관입니다. 복음서의 기자들은 예수님의 첫 사역의 출발부터 교육 활동을 전개하시는 교사의 모습을 기록하고 있습니다. 더욱 명확한 증거는 산상보훈에서 발견됩니다. "예수께서 무리를 보시고 산에 올라가 앉으시니 제자들이 나아온지라 입을 열어 가르쳐 가라사대"(마 5:1,2). 여기 사용된 "가르쳤다"라는 헬라어는 에디다스코(εδιδασκω)로 표현되었는데, 이것은 디다스코(διδασκω)의 미완료형입니다. 헬라어의 미완료형의 시제는 과거의 반복적이고 계속적이며 관습적인 행동을 나타내는 시제입니다. 그러므로 이 구절의 정확한 번역은 "이것은 예수께서 그들에게 종종 가르치곤 한 말씀이다"라고 윌리엄 바클리(W. Barclay)는 주장합니다. 그리고 이비(C. B. Eavey)는 "예수님은 복음서 전체에서, 회당에서 가르치는 사역을 하셨음을 말하고 있으며, 예수님이 계시는 곳에는 가르치는 활동이 전개되었고, 심지어는 걸어가면서도 가르치셨다."라고 교사의 활동을 강조합니다. 이러한 표현은 예수님께서 교사로서 활동하고 있었음을 보여줍니다.

예수님은 복음의 화신이요, 복음 자체이면서, 복음을 선포하신 교사입니다. 그는 진리의 계시자이며 동시에 교사입니다. 교사였던 예수님은 지상사역을 완성하신 후 승천하는 모습 속에서도 교사의 모습을 찾아볼 수 있습니다. 마태복음 28장 19, 20절에서 말씀한 대위임령 속에서도 교육적 과제가 주어져 있는 것을 볼 때 교사로서의 예수님의 면모를 볼 수 있습니다.[11]

3. 내재한 교사이신 성령님

성령님의 인격과 사역을 통하여 우리 안에 계시는 하나님은 가르침 사역을 포함한 삶의 모든 차원을 변화시킵니다. 내재하시는 성령님은 준비, 훈련, 그리고 평가의 세 가지 국면들 안에서 가르침의 사역을 뒷받침해 줍니다. 내재하시는 성령님은 학생들의 심령이 그들의 정신과 영혼과 마음과 신체와 함께 변화될 수 있도록 배움의 과정을 촉진합니다.[12]

예수님의 가르침 안에 있는 성령님의 사역을 그들 자신의 가르침 사역 안의 성령님과의 관계에서 볼 수 있습니다. 어떻게 성

---

11 오인탁, 『기독교 교육』, 180.
12 Robert W. Pazmino, 『교사이신 하나님』, 113.

령님이 예수님의 교육 사역에서 나타났습니까? 사람들의 수태와 발전과 잉태에서 성령님의 역할은 생명의 선물이 나누어질 때 필수적입니다. 하나님의 은혜의 경이로움은 가르침 사역을 위한 은사를 부여받은 사람들의 생명이 탄생하는 것에서부터 시작됩니다. 하나님의 돌보심과 은사의 수납자로서 사람들은 가르침과 다른 여러 가지 다양한 사역을 통하여 다른 사람들을 위한 그들의 돌봄을 나누게 됩니다. 성령님은 은사들을 나누어 줍니다(고전 12:7). 가르침을 위한 영적인 은사의 잠재적 사용은 하나님의 부르심에 대한 한 사람의 응답과 훈련과 상호 계몽을 통한 은사들의 헌신적인 계발에 달려 있습니다.

성령님 안에서 가르침에 의하여 예수님이 학생들의 삶에 자유를 가져왔습니다(눅 4:18-19). 예수님에 대한 성령의 기름 부으심은 가르침의 능력을 공급하며 아버지 하나님으로부터 받은 예수님의 사명은 그의 가르침을 받는 사람들을 위한 하나님의 뜻을 성취하는 권세를 공급합니다. 예수님의 교육 사역에서 성령의 임재와 능력은 효과적인 학습을 위해 필요한 동반자적 관계를 말해 주고 있습니다. 가르침의 결과가 보장되어질 수는 없으나 성령님은 들을 귀가 있는 자에게는 반드시 역사하시며(마 11:15; 13:9, 43;막 4:9, 23; 눅 8:8; 14:35) 영혼들은 예수님이 가르치시는 복음에 반응하게 됩니다. 가르침의 열매는 배움의 성과를 가능케 하는 성령님의 은혜로운 역사하심에 달려 있습니다. 이것은 예수님과 예수님을 따르는 모든 그리스도인 교사들에게도 해당하는 것입니다. 예수님은 성령님의 능력과 지도에 의지하셨고 그의 가르침은 그의 청중들로 하여금 놀라게 만듭니다. 그 가르치는 것이 권세 있는 자와 같았기 때문입니다(막 1:22).

밀라드 에릭슨(Millard Erickson)은 성령님의 사역 여섯 가지 의미들을 정리함으로 성령 충만한 가르침을 위한 더 나은 통찰력을 제공합니다. ① 우리가 가진 은사들은 성령님에 따라 우리에게 주어집니다. ② 성령님은 기독교적 삶과 봉사 안에 있는 믿는 자들에게 힘을 줍니다. ③ 성령님은 그의 은사를 교회에 지혜롭고도 주권적으로 공급해 줍니다. ④ 어떤 한 가지 은사가 모두에게 주어지는 것은 아니며 한 사람에게 모든 은사가 주어지는 것도 아닙니다. ⑤ 우리에게 하나님 말씀의 이해를 주시고 우리를 위한 그분의 뜻 가운데 인도하시는 성령님을 의지해야 합니다. ⑥ 삼위 하나님뿐만 아니라 하나님과 그 아들에게서처럼 성령님께 직접 기도하는 것은 합당한 일입니다.

에릭슨의 통찰은 가르침 가운데 있는 성령님의 역사하심을 더 잘 이해할 수 있게 합니다.

첫째, 가르치는 은사는 성령님께서 주시는 것입니다.

둘째, 성령님은 어떤 특정한 그리스도인들에게 가르칠 수 있는 능력을 줍니다.

셋째, 성령님은 가르치는 은사를 주셔서 통찰력 있는 방식 안에서 기독교 교회를 위한 하나님의 목적을 성취합니다.

넷째, 상호적이고 지지가 되는 방식 안에서 다양한 가르치는 은사를 실행하는 것은 전체 교회의 교화(Edification)를 위하여 중요합니다.

다섯째, 성령님은 기독교 교육의 중심 임무인 하나님의 말씀을 조명하는 중요한 역할을 담당합니다.

여섯째, 성령님의 사역을 위한 기도는 기독교 가르침과 배움의 모든 노력을 뒷받침해 주어야 합니다.

그리스도의 영의 사역은 그리스도인들이 그리스도의 통치의 빛 안에서 이해하고 사는 것을 가능하게 합니다. 그리스도인 교사들에게 주어진 사명은 예수님이 분부하신 모든 것을 복종하도록 모든 생각을 사로잡아 그리스도께 복종케 만드는 것입니다(고후 10:5). 이것은 진리를 드러내고 지혜를 분별하는 하나님의 영의 사역을 해야 하는 임무입니다. 이것은 그들의 마음을 새롭게 함으로써 사람들을 철저한 변화로 부르는 임무입니다. 이러한 가르침의 사역을 위해서는 성령님이 꼭 계셔야 합니다.

성령님은 예수님의 제자들을 진리로 인도합니다(요 16:13). 성령님은 믿는 자들을 가르치고 예수님이 그들에게 가르치신 모든 것을 기억나게 하시는 것으로써, 성령님은 기독교 교육가들을 효과적으로 사역하게 하고 기독교 진리를 적절하게 나누고 이해하는데 필요한 창조적인 능력을 공급해 줍니다.

오늘날 효과적인 가르침과 배움을 위하여 성령님의 계속된 임재와 사역이 필요합니다. 가르침은 성령님을 통하여 기독교 교회에 부여한 선물들 가운데 하나로 묘사됩니다(롬 12:3-8; 고전 12:27-31; 엡 4:7-13; 벧전 4:10-11). 가르침은 성령님에게서 주어지고 성령님으로 동기부여 된 은사입니다. 그것은 또한 가르침의 과정 가운데 교사가 지속적으로 성령님의 인도를 받고 충만케 되어져야 할 것을 요구합니다(엡 4:29-32; 5:15-20). 성령 하나님은 우리 안에 내재하셔서 가르치고 인도합니다. 성령님은 우리에게 능력을 부여하여서 가르치게 합니다.

모든 인간의 궁극적인 교사이신 하나님은 기독교 교육의 가장 본질적인 출발점이 되시고 성부 하나님은 구원의 역사를 통하여 죄인들을 온전히 변화시킵니다. 또한, 성자 하나님이신 예수님은 시공을 초월하여 가르침의 모델을 제공합니다. 그리고 성령 하나님은 우리에게 능력을 부여하셔서 가르치게 하십니다. 하나님은 우리가 세상에서 사명을 완수할 수 있도록 역사합니다. 하나님은 우리에게 산 소망을 주시고 기독교 교육의 미래를 품게 합니다.

요약하면 하나님은 우리의 궁극적인 교사로서 존재하시고 일하시며, 과거와 현재와 미래를 통하여 가르치시며 앞으로도 영원히 우리의 대 교사가 됩니다. 그러므로 하나님과 같은 교사는 그 어디에도 단연코 없습니다.[13]

4. 구약과 신약에 나타난 교사

첫째, 구약은 율법을 후세에 전하기 위해 교육을 통하여 그 명맥을 이어왔습니다. 하나님께서 이스라엘에 율법을 줄 때 "세계가 다 내게 속하였나니 너희가 내 말을 잘 듣고 내 언약을 지키면, 너희는 열국 중에서 내 소유가 되겠고 너희가 내게 대하여 제사

---

13 고원석 외 5인, 『기독교 교육 개론』, (서울: 장로회신학대학교 기독교교육연구원, 2013), 65-66.

장 나라가 되며 거룩한 백성이 되리라"(출 19:5-6)라고 약속합니다. 유대 민족들은 이 율법을 전승하기 위하여 교육했습니다. 그 증거로 유대 민족의 전 역사를 통하여 하나님은 그들 교육의 중심이 되었고, 율법은 교육의 바탕이 되었습니다.[14] 이들은 부모, 제사장, 현인들, 선지자들, 랍비들을 통하여 가르쳐 왔고 그들의 존재 의의를 교육에서 찾았으며, 종교의식과 제도를 교육적 기능으로 보존하였습니다. 이 시대의 부모, 제사장, 현인, 선지자, 랍비들이 가르침의 직을 맡은 자들입니다.[15]

둘째, 초대교회 지도자들도 선생으로 나타납니다. 사도행전은 초대교회 지도자들과 사도들의 교육적 활동상황을 기록하고 보고한 것입니다. 사도들의 가르침에 백성들이 귀 기울였으며(행 2:42), 사도들은 집에 있으나, 성전에 있으나 예수를 그리스도라 가르치며 전도하기를 쉬지 아니하였습니다(행 5:42).

사도들은 기독 신자였지만 유대인들로서 이미 유대교적 성경 교육을 받았기에 성경을 가르침에 있어서 보다 효과적입니다. 특히 초대교회 신자들은 사도들을 중심으로 한 가르침과 설교의 차이점을 인식하고 예수께서 그렇게 하셨듯이 그들도 설교 사역보다 가르치는 사역에 더 매진합니다.[16]

---

14 C. B. Eavey, *History of Christian Education*, 김근수, 신청기 역, 『기독교 교육사』 (서울: 한국 기독교 교육 연구원, 1980), 76.

15 주미경, "여성 교육사의 한국적 적용의 문제점 및 바람직한 위상 정립을 위한 연구(장로교 합동과 감리교 중심)," (미간행 신학석사 학위논문, 총신대 대학원, 1994), 52.

16 C. B. Eavey, *History of Christian Education*, 119.

초대교회 시대 탁월한 교사는 바울입니다. 그는 선생으로서, 유대인 개종자들에게 기독교 신앙을 심원하게 이해하고 제대로 표현하도록 인도해 줌으로써 그들을 바로 잡아 주고 가르쳐 주었습니다. 또 그는 이방인의 전파자요 교사로서 복음의 사명을 완수하기 위하여 그 자신이 할 수 있는 모든 수단과 기량을 아끼지 아니합니다.[17]

사도들은 교사의 임무를 소홀히 하지 않았는데 왜냐하면 그들은 교사이신 예수님으로부터 교육을 받아 교사로 세워졌기 때문입니다.[18] "하나님께서 교회 안에 여러 직분을 세우셨는데 첫째는 사도요 둘째는 예언자요 셋째는 교사요"(고전 12:28), "그가 혹은 사도로 혹은 선지자로 혹은 복음 전하는 자로 혹은 목사와 교사로 주셨으니"(엡 4:11)라는 말씀은 너무나 분명하게 교사가 성직임을 우리에게 가르쳐 주고 있습니다.[19] 교사는 하나님께서 우리에게 은사로 주신 성직이요 전문직입니다. 그래서 사도들도 자신을 교사로 이해하였으며, 사도와 교사를 같은 의미로 사용합니다(딤전 2:7). 사도 바울은 자신을 교사로 칭하였을 뿐만 아니라 이어서 감독의 직분에서 교사의 자격과 능력을 강조합니다(딤전 3:2).

교사는 사도와 예언자로 더불어 교회의 가장 오래되고 성별된

---

17 Richard N. Longineker, *A History of Religious Education*, 임영금 역, "바울," 『인물 중심의 종교 교육사』 (서울: 대한 예수교 장로회 총회 교육부, 1984), 75-76.
18 오인탁, 『기독교 교육』, 180.
19 김희자, "교육(목)사 제도의 역사적 형성 과정," 『기독교 교육 연구』, 162.

직분들 가운데 하나입니다. 초대교회 교사들의 과제는 그리스도의 복음을 교인들에게 가르쳐 주고 이해시켜 주며, 계명들과 교리들을 가르치고 가슴속 깊이 새겨 주고, 교인들을 복음 안으로 인도하는 일입니다.[20] 그러므로 교회는 사람들에게 복음을 바로 알게 하여 주고 주님을 바르게 믿게 하며, 시대적 변천 속에서도 흔들리지 않는 기독교인들로 그들을 교육하기 위하여 교육(목)사 직분을 두고 교육 전문인에게 이 일들을 맡겨야 합니다.[21]

B. 교육(목)사 제도의 형성 원인과 역사

1. 교육(목)사 제도의 형성 원인

교육 목사나 교육사 제도는 원래 미국의 교회에서 오랜 역사적 형성 과정을 거치며 발전해 온 교회 교역자로서의 직책입니다. 한국교회 내에 교육(목)사 제도를 적용하면서 그 시원을 이루고 있는 미국 교회의 교육(목)사 제도의 형성 원인을 살펴보고 한국교회 교육(목)사 제도의 형성 원인을 살펴보고자 합니다.

---

20 오인탁, "교육사 제도의 교회적 요청과 이론적 근거," 『교육교회』, 제199호 (1982. 9): 354.
21 오인탁, 『기독교 교육』, 180.

a. 미국교회 교육(목)사의 형성 원인

19세기 미국은 특이한 학교 체제인 주일학교 운동을 발전시킵니다. 이 운동은 동부 쪽으로 빠르게 확대되어 갔고, 1824년에는 동부 필라델피아에 본부를 둔 미국 주일학교 연합회를 구성할 만큼 커졌습니다. 이러한 기반에서 미시시피 계곡을 통하여 주일학교를 설립하고자 하는 광대한 계획을 세우고 서부 변경으로 움직이며 확장해 갔습니다. 이 초기 주일학교에서는 일반적인 교육, 즉 쓰기와 읽기, 간단한 산술, 종교교육 등을 실시하며 공립학교의 선구자가 됩니다. 그 후 주 5일을 공부하는 보통학교가 나타나고 1833년 미 헌법 제1차 개정에 따라 그동안 국교였던 기독교는 국교의 위치에서 밀려나 공립학교 커리큘럼 속에 일반적인 기독교만을 가르칠 수밖에 없었습니다.

이를 루이스 쉐릴(Lewis J. Sherrill)은 세속화 시대라고 부르며, 이때부터 공교육 학교로부터 종교교육이 추방되기 시작했으며, 기독교 학교에 대한 정부의 보조가 중단되었고, 공교육에 대한 교회의 행정적 참여가 거부되었어 갔습니다. 이렇듯 분리가 노골화되어 가면서 종교교육은 학교가 담당하는 것이 아니라 교회가 담당하기 시작하였고, 이에 따라 미국 주일학교는 종교교육을 담당키 위해 보완이 필요해져 크게 확대되기 시작합니다.[22]

개신교 각 교파는 자신들의 위치를 찾기 위해 1872년 통일 공

---

22 은준관, 『기독교 교육 현장론』(서울: 대한 기독교 출판사, 1989), 322-23.

과를 채택합니다. 그러면서 아울러 공립학교 내에서 기독교의 영향력을 행사하기 위해, 또한 다른 한편으로는 교회와 사회 지도자들을 교육하기 위해서 대학들을 설립하고 후원합니다. 이러한 사회적인 변동, 즉 국가 차원의 공립학교 지원과 기독교의 공립학교 지원 등으로 공립학교는 커지고 반대급부로 주일학교는 왜소해지고 공립학교에 의존하는 현상이 나타납니다.

이 주일학교는 20세기 이전에는 복음주의적 특성이 있었고, 1880년대 후반기까지도 어린이들을 "어른의 축소판"으로 묘사하며, 어른과는 달리 어린이들은 양육되어야만 하고 놀이를 해야 한다는 시기인 것을 모르고 있었습니다. 그리고 주일학교가 교회로 사람들을 끌어들이는 수단으로 보았습니다. 그리고 어린이를 이해하고 어린이들을 교회로 끌어들이는 이러한 방법은 회심을 강조하는 부흥회식입니다. 또한, 이 주일학교를 이끌어 가는 이들은 자원봉사자들입니다.

그런데 20세기로 넘어오면서 이 주일학교의 복음주의적 특성속에 이끌어지던 부흥회식의 방법은 더 이상 그 당시 사회 변화에 적절하게 대처할 수 없었고, 그리고 자원 봉사자로 이끌어지는 것도 불합리하게 됩니다. 주일학교는 나름대로 휴가학교[23] 나 주일학교 감독자에게 사례를 주며, 좀 더 시간을 투자하게 하는 소극적인 대처를 했으나, 이러한 회심 위주의 부흥회식 방법으로는 당시의 교육인구를 모집할 수가 없었고, 아울러 유급 비전

---

23 휴가학교는 1900년 Robert G. Boville과 H. R. Vaughn이 처음 시작했다.

문 지도자들에 의해서는 당시 어린이나 증가하는 젊은이 문제 등 교회 전반적인 교육문제에 효율적으로 대처할 수 없었습니다.

따라서 이러한 문제들을 대처할 수 있는 훈련된 지도자가 필요하게 되어 1902년 밴더빌트 대학에서 종교교육과를 신설하였고, 1903년에는 종교교육 전문기관인 하트퍼드 종교교육학교가 설립되면서 기독교 교육의 전문성을 학적으로 준비하게 됩니다. 이들은 당시 새로운 진보주의 교육원리와 새로운 성서학 등을 도입해서 종교교육의 발달을 꾀할 수 있었습니다.[24]

교육(목)사 제도화의 배경 요인으로서 종교적인 요인은 교회 밖에서 불어오는 신학의 영향이었습니다. 이는 19세기 말 유럽에서 넘어온 새로운 성서학에 관한 관심 때문에 일어났습니다. 더 중요한 요인으로는 당시 젊은이들의 도덕적 타락을 들 수 있을 것입니다. 특히 이 도덕적 타락은 당시 의무교육이 연장되어 청소년들이 결혼이나 직업으로 안정되는 그 유휴 시간이 많다는 점에서와 도시화의 물결로 인한 가치관의 혼란이 주원인입니다. 이 문제는 사회적으로나 교육적으로 심각하게 제기되었는데, 예컨대 1915년 시카고 주일학교 연합회의 보고에 따르면 1914~1915년 사이에 만 1년간 청소년들이 75,226명이나 감옥에 갇혔는데 이는 그 도시 전체 청소년의 1/8에 해당하는 숫자로 충격적입니다. 놀라운 사실은 그 당시 주일학교 운동이 열광적이

---

24 이락재, "한·미 감리교회의 교육사 제도 비교연구," (미간행 교육석사학위 논문, 감리교신학대학교 신학대학원, 1989), 42-44.

고 외견상 성공적일 때입니다.[25]

이러한 청소년 문제를 해결하는 방안을 모색하는 새로운 사상들이 출현했는데 존 듀이(J. Dewey)의 교육철학과 이를 기독교 교육에 적용한 조지 코우(G. A. Coe)의 기독교 교육사상입니다. 즉 공장의 기술교육을 뛰어넘는 배움의 교육, 인격도야, 단체조직 교육입니다. 교육방법에서도 일방적인 전달보다는 학생들의 흥미를 끄는 방법으로 바뀝니다. 이 방법론에 심리학이 도입되어 연령층별 이해를 가능케 했고 문제의 젊은이들에게 청소년(Adolescence: 12, 13-18세)이라는 명칭도 이때 붙였습니다. 이러한 성서학, 교육철학, 심리학을 도입한 교육이 제반 교회교육 문제에 성공적일 것이라는 희망을 품게 됐고, 교회에서도 이를 도입하여 회심을 강조하는 복음주의에서 전문성을 강조하는 방향으로 나아갑니다. 이러한 상황은 기존 주일학교에 활력을 불어넣었고 상황 해결을 위해서 전문성이 요청되었습니다. 당시 일반 공립학교에서는 제도상 충분한 여유가 있었지만, 자원 사역자들이 이끌어 가는 주일학교는 그럴 수가 없었습니다. 이에 따라 목사들이 이 요청을 담당해야 할 것이라고 주장되기도 했지만, 목사들은 여러 가지로 이러한 교육 문제를 담당하기에 부적합했습니다.

첫째 이유로는 그들이 종교교육을 받지 못했다는 점입니다.

둘째는 교수 방법을 모른다는 점입니다.

---

25 Furnish Dorothy Jean. *DRE/DCE-The History of A Profession*, (Nashville, Tennesse: The United Methodist Church, 1976), 17.

셋째는 시간이 없다는 점입니다.

넷째는 영적인 결과들은 교육을 통해서 성취된다는 점을 인식할 준비가 되지 않았다는 점에서 기독교 교육의 주역으로 나설 수 없었습니다.[26]

따라서 전문성이 있어야 하는 많은 교회에서는 공립학교 교사들과 행정가들을 미흡하지만, 교육사(D. R. E)로 맞이했습니다. 1926년 조사에 의하면 교육사 중에 51%가 일반 공립학교 교사 출신이고, 30%가 교육 행정가 출신이며, 21%만이 목회의 경험이 있는 자들입니다.

지금까지 미국 교육사 제도가 탄생하게 된 배경에 관하여 기술하였는데 이를 요약하면, 이 전문직은 첫째로 타락하고 있는 젊은이들의 인격에 관한 관심, 둘째로 새로운 교육학(교육철학, 심리학 등)이 주는 희망, 셋째로 새로운 성서학에 대한 욕구, 넷째로 공립학교 수준으로 질 좋은 교육을 준비하려는 욕구 등의 결과로서 나타난 것입니다.[27]

b. 한국교회 교육(목)사 형성 원인

1960년대 이후 본격적인 교회 성도 수의 증가가 있었는데 특히 1965년부터 1970년에 이르는 시기에는 연평균 59%의 성

---

26 위의 책, 18.
27 이락재, "한·미 감리교회의 교육사 제도 비교연구," 46-47.

장을 하는 놀라운 신장률을 보입니다.[28] 1960년에 성도 수가 623,072명이었는데 83년에는 8,889,194명으로 14배의 성장을 했습니다.[29]

이러한 교회성장과 대형교회의 추세 속에 질적인 목회를 추구해야 한다는 당위성과 함께 교육의 전문성에 대한 기독교 교육학자들의 소리도 높아 갔습니다. 그리고 신학대학에 기독교 교육과(또는 종교교육과)가 생기기 시작합니다.[30] 1965년 1월 10일 문교부로부터 신학의 범주 안에서 기독교 교육 혹은 신학 전공을 택일할 수 있게 하는 인가를 받은 장로회 신학대학을 시작으로, 총신 대학이 1973년 12월 18일 문교부로부터 종교교육과 설치 인가를 받게 되었고, 이어서 1977년 12월에는 서울 신학대학이 기독교 교육과를, 1980년도에는 감리교 신학대학이 문교부로부터 설치인가를 받아 1981년 3월 첫 기독교 교육과 입학생을 받게 됩니다. 그리고 한신 대학이 1981년 10월 인가를 받아 1982년 2월 첫 신입생을 받습니다. 그리고 신학대학마다 기독교 교육과가 중심이 되어 기독교 교육 연구소를 세워 기독교 교육의 질적 향상과 저변 확대를 위해 경주합니다.

주로 신학대학 기독교 교육과를 중심으로 기독교 교육의 회복을 향한 몸부림이 있었고, 교회가 교회되기 위해서는 교육을 회

---

28 염기석, "한국교회 성장에 대한 경험적 연구," (미간행 신학석사학위논문, 감리교신학대학교 신학대학원, 1988), 71.

29 정진홍, "한국 사회의 변동과 기독교," 『사회변동과 한국의 종교』 (서울: 한국 정신문화 연구원, 1987), 257-58.

30 이락재, "한· 미 감리교회의 교육사 제도 비교연구," 28.

복하여야 하고 이를 위해 교육 전문인이 요청된다는 이야기가 1975년을 기점으로 회자됩니다.[31]

　1975년 9월 15일자 기독교 주간 신문인 「기독공보」에 "교육사"라는 말이 쓰이며 제창된 이래, 1982년 장로교 통합 측에서, 1987년에는 성결교단, 1988년 6월 21일에는 감리교단에서, 1989년 4월 27일에는 장로교 합동 측에서 교육사 제도화를 주장했습니다.[32] 주로 각 교단 신학대학 기독교 교육과나 종교 교육과가 주체가 되어 글을 발표하거나 손꼽히는 학자와 교단 관계자를 불러 심포지엄을 여는 식으로 이 교육 전문인 제도화의 필요성을 역설해 온 것입니다.

　한편 교회교육 현장에서는 이렇듯 교회 성장과 각 신학대학 기독교 교육과가 생기면서 기독교 교육 전문성이 학문적으로 발달함에 따라 교단적인 제도화 촉구에도 불구하고 변화가 더디게 나타납니다. 교회 현장에는 1960년대 후반 "교육 전도사"라는 직분이 자연발생적으로 생겼는데[33] 이들은 교회학교 교육을 전담

---

31 위의 책, 29.
32 장로교 통합 측은 장로회 신학대학 기독교 교육 연구원, "특집-교회교육; 전문가를 필요로 한다."「교육교회」1982년 9월호, 성결교단은 서울 신학대학 기독교 교육 연구소, 『성결 교단의 발전과 교회 교육의 전문성』(1987년 11월 25일 심포지엄 자료집). 감리 교단은 감리교 신학대학 기독교 교육학과 주최 심포지엄, "교육사 필요한가?"『신앙과 교육』, 1988년 10월 (1988년 6월 21일 심포지엄 자료집), 장로교 합동 측은 총신대학 기독교 교육 연구소 주최 논문 발표회, 김희자,『교육(목)사 제도의 역사적 형성 과정과 한국적 적용』, 1989. 4. 27.
33 주선애, "교육 전도사," 『교육교회』, 제199호 (1982. 9): 347.

하거나 아동부, 중·고등부, 청년부 등 교회 학교의 한 부서를 전담하는 역할을 하면서 개 교회 행정에 자리 잡게 됩니다. 이들 대부분은 신학생(학부·대학원 재학 중)들로서 목회의 중요한 부분인 가르치는 일을 담당하게 된 것입니다. 이에 대한 기독교 교육자들의 비판은 1975년부터 본격적으로 제기되기 시작했는데 이모든 주장을 종합하여 보면 다음과 같습니다.[34]

첫째로, 교육 전도사 직책이 기독교 교육을 수행하는 주체로서 부적당한 면은 이들 구성원의 자질 문제입니다. 기독교 교육을 담당하려면 기독교 교육을 알아야 하는데 조금밖에 공부하지못했거나 거의 전혀 없는 경우가 많다는 점입니다. 대부분의 신학대학(원)의 경우 필수과목으로 "기독교 교육 개론" 한 과목을 3학점 정도 이수하게 되며, 이는 기독교 교육 전공 학생들이 전공 필수만 10과목 30학점(감신 대학의 경우)을 공부하는 것과는 대비가 됩니다.

둘째로, 신학생들의 주요 관심사가 학부생이나 신학 대학원생의 경우 공부인 경우가 많고, 교단에 따라서는 단독 목회가 초미의 관심사가 될 확률이 높다는 점에서 교육 전도사의 일은 뒷전으로 밀려날 가능성이 크다는 것입니다.

셋째로, 현재 대부분의 교육 전도사직은 시간제입니다. 이 시간제는 교회 교육의 지속성, 연계성, 종합성을 불가능하게 하며, 그저 주일에만 "잠시 일 보고 가는" 가벼운 지위와 역할을 갖게

---

34 이락재, "한·미 감리교회의 교육사 제도 비교연구," 30.

하는 것이 현실입니다. 그리고 투자하는 시간이 적으므로 인해 교육을 실습적인 위치로 떨어지게 만듭니다. 만일 교회교육 현장이 실습장처럼 된다면 피교육자는 인격이 아니라 수단으로서 취급됨으로써 결국 올바른 교육이 이루어질 수 없다는 점에서 참으로 위험스러운 일입니다.

넷째로, 교육 전도사의 행정적 위치 문제입니다. 교육 전도사직이 교회 전체적인 교육구조 속에서 체계 이론적으로 말하자면 하위체제에 갇혀 있어서 전체 거시적인 교회교육에 공헌할 수 없다는 점입니다. 교육 전도사들은 교회학교 또는 교육부서 정도에 머무는 경우가 다반사입니다. 이러한 교육 행정상의 위치는 교육 신학적인 면에서 볼 때, 초대교회의 교육 사역과 엄청난 괴리감이 있는 것입니다. 아울러 "교육 목사"라는 직도 생겨났는데, 이들조차도 교회교육 전문가인지, 혹은 부목사로서 보조 목사의 역할을 담당하지만 적당한 명칭이 없어서 붙여진 것인지, 진정 교육 전문성을 가지고 교회교육을 담당하고 있는지 기독교 교육전문가들은 의심의 눈길을 보내고 있습니다.

이러한 와중에서 교회현장 속에 기독교 교육의 참 위치를 찾아 "교회를 교회 되게 하자"는 운동의 목적으로 기독교 교육 전문 담당자인 "교육(목)사" 제도 신설 운동이 일어났습니다. 각 교단의 "교육(목)사" 제도화 운동 가운데서 제도화의 당위성을 천명할 때 주장하는 논리는 다음과 같습니다. 첫째로 교회가 대형화되고 현대사회의 발달에 따라 목회 기능도 분화되므로 현대교회에 요청되는 것은 공동목회이고 이것은 초대교회의 본질을 회복하기 위해, 즉 성숙한 교회가 되는데 필요할 뿐만 아니라 교회교육의 회복을 위해서도 요청된다는 것입니다. 둘째로 이 "교육(목)사"가 공동목회(Team-Ministry)의 위치와 기능을 하려면 적절한 자격이 있어야 한다는 것입니다. 교육(목)사의 자격 문제는 이어지는 장에서 계속 논합니다.

2. 교육(목)사 제도의 역사

미국 개신교의 교육(목)사 제도의 형성과정은 아래와 같이 네 가지로 분류할 수 있습니다.[35] 제 1기 : 태동 및 전망기 (1906-1930), 제 2기 : 침체기 (1930-1945), 제 3기 : 회복 및 성장기 (1945-1960), 제 4기 : 변화와 도전의 시기 (1960-현재) 입니다. 그 각각을 살펴보면 다음과 같습니다.

a. 태동 및 전망기 (1906-1930)

로버트 레이커스(Robert Raikers)가 1780년 영국에서 시작한 주일학교 운동은 그 후 미국으로 건너와서 많은 발전을 이룹니다. 열정적인 자원 봉사자들이 그 중심에 있습니다.[36] 하지만 주일학교는 본래 교회가 처음부터 조직하여 시작한 것이 아닙니

---

35 김희자, "교육(목)사 제도의 역사적 형성 과정," 『기독교 교육 연구』, 127.
36 그 대표적인 사람이 무디(D. L. Moody), 제이콥스(B. F. Jacobs)와 빈센트 (J. H. Vincent)였다.

다. 평신도 자원 봉사자들에 의하여 선교의 일환으로써 출발합니다. 다음 세대에게 교육과 구제 사업의 차원에서 운영됩니다. 그 결과 교회에 부속된 주변 기관으로 흔히 성직자의 관심 밖의 대상입니다.

그 당시 교육적, 종교적, 사회적 요청으로 성직자도 평신도도 아닌 '제3의 그룹'이 등장합니다. 그들은 교회교육 및 교역의 새로운 전문가들입니다. 이들은 교회 교육에 대한 새로운 관심, 새로운 방법론, 새로운 기준을 갖고 있었습니다. 이들의 출현으로 평신도 자원 봉사자에 의해 운영되던 주일학교는 새로운 모습을 갖추게 됩니다. 당시 교회의 유일한 지도자이며 교역자였던 목사와 권위, 직책상의 갈등을 초래하게 됩니다.

교육(목)사라는 전문직은 어떻게 등장했습니까? 이미 교육(목)사 형성 원인에서 살펴본 대로 주일학교와 성직자의 요청보다는 교회 밖의 사회적, 종교적 요인에 의하여 탄생했습니다. 당시의 산업화와 도시화 현상 및 교육 기간의 연장으로 청소년들의 윤리적 탈선이 교회 역할의 다양성을 가져왔습니다.

이러한 다양한 사회적, 경제적, 신학적, 철학적 상황은 탁월한 성경 연구에 희망을 걸었습니다. 그 결과 교회를 중심으로 한 기독교 교육에 전문적 요청을 하게 됩니다. 마침내 1906년 제임스 톰슨(James V. Thompson)이 펜실베이니아 주 피츠버그 시의 그리스도 감리교회의 최초의 교육(목)사(Director of Religious

Education)가 되었습니다.[37]

교회교육의 전문직이 세워지기까지는 1903년에 창립된 종교교육협회(Religious Education Association)의 역할이 큽니다. 종교교육협회는 당시의 교육환경 변화에 따른 개선방안으로 교육(목)사 직책 설립의 형식적 당위성을 강조합니다. 그들의 저널인 「종교교육」(Religious Education)을 통해 널리 인식시켰습니다. 1910년에는 종교 교육협회의 노력과 주선으로 "제1회 전국 교육(목)사 회의"(The First National meeting of Directors of Religious Education)를 개최합니다. 이 회의에서 당시의 당면 문제인 커리큘럼과 교육사들의 기능을 토론합니다. 교육자들은 자신의 명칭을 교육사(Director of Religious Education)로 부르며, 평신도 자원자인 주일학교 감독자와 구별합니다. 또한, 그 당시 풀타임으로 일하고 있던 유급 주일학교 감독자들과도 구별합니다. 즉 이들은 훈련받지 못한 평신도 주일학교 감독자들과는 달리 자신들은 고도의 전문적인 자격을 갖추고 있다는 자의식을 갖고 있었고, 이 교육사 직에 대한 일을 충분히 할 수 있다는 긍지를 갖고 있었습니다.[38] 또한, 자신들의 일은 주일학교에 국한되어 있는 것이 아니라 교회 전체 교육과 관계되어 있다는 점을 강변합니다. 이러한 노력을 통해 1911년 북부 침례교회에서는 "주일학교"(Sunday School)라는 명칭을 교회학

---

37 Furnish Dorothy Jean. *DRE/DCE-The History of A Profession*, 23.
38 위의 책, 31-32.

교(Church School)라고 처음으로 바꾸는 결과가 나타납니다.[39]

이렇듯 당시 교육사에 대한 긍지는 확고한 것이었고, 주일학교 감독자만이 아닌 전교회 회중을 가르치는 목사의 위치와 동등한 자리에서 목사와 권위 대결을 벌이는 상태에 있었습니다.[40] 1929년 경제공황이 오기까지 교육사들은 여러 면에서 높은 신장률을 보였습니다. 이에 따라 그동안 주일학교를 감독 맡아 오던 평신도 감독자들은 전문성을 교육받고 종교교육협회(R. E. A)의 지원을 받는 교육사들로 위치가 바뀌게 됩니다. 여기에 따르는 역할 갈등의 문제도 있었으나 이러한 난관은 시간이 지남에 따라 점차 사라지고 이 직분은 점점 왕성해지고 번창했습니다.

b. 침체기 (1930-1945)

제1차 세계 대전(1914-1918)이 지나가고 나서 점점 인간의 능력에 대한 신뢰를 잃어버리게 되었고, 오직 신(神)만이 인간의 운명을 결정할 수 있다는 신정통주의에 근거한 비관주의가 성장하게 됩니다. 따라서 자유주의 신학은 그 자리를 잃게 되었고, 이에 따라 자유주의 신학에 근거하던 종교교육도 경멸받게 되었습니다.

더구나 1929년에 시작된 경제공황은 교회에 극심한 경제난을

---

39 Jack L. Seymour, *The Story of the Protestant Sunday School*, (Nashville: Abingdon Press, 1982), 14-15.

40 Furnish Dorothy Jean. *DRE/DCE-The History of A Profession*, 77-81.

초래하게 되었고, 교육사로서 자격과 능력을 갖추고 이미 일을 하고 있던 이들은 교회의 예산 삭감으로 많은 수가 실직을 당하였으며, 새로운 교육사를 초빙하는 일이 거의 없었습니다.

자료에 의하면 경제공황 이전인 1926년, 거의 동수의 남녀가 교육(목)사로 일했습니다. 그러나 공황 이후 교육(목)사는 저임금을 받는 여성의 직책으로 여겼습니다. 이러한 경제적 제약은 교육(목)사직의 기능에도 큰 변화를 초래했습니다. 또한, 기존의 전문적 교육만을 담당하는 것이 아닙니다. 교회 담임 목사의 비서, 사무 및 행정, 심방일, 교회 음악일, 때로는 사찰 일까지 해야 하는 상황을 만들었습니다. 이러한 직책의 혼란 현상은 경제가 회복된 이후에도 계속되었으며 교육(목)사는 전문성을 상실합니다. 경제공황이 끝날 무렵인 1938년 자료에 의하면 교육사 가운데 68%가 자기의 교육 전문 분야뿐 아니라 교육과 무관한 비서일과 사무일 등을 한 것으로 나타납니다.[41]

교육(목)사의 명칭이 D. R. E(Director of Religious Education)에서 D. C. E(Director of Christian Education)가 된 것도 이 시기입니다.[42] 1942년 I. C. R. E가 위스컨신 주에서 워크

41 Mayer Otto, "Study of Directors of Religious Education and Their Profession," International Journal of Religious Education, XV. Oct, 1938, 40.

42 Furnish Dorothy Jean, The Profession of Director or Minister of Christian Education in Protestant Churches, Marvin Taylor(ed), Changing Patterns of Religious Education, (Nashville: Abingdon Press, 1984), 194.

숍을 개최합니다. 이 때 주제는 "전국 기독교 교육 지도자 워크숍"(National Workshop of Directors of Christian Education)으로 명한 후 몇몇 교단을 제외하고는 교육(목)사의 명칭을 D. C. E로 사용합니다.

c. 회복 및 성장기 (1945-1960)

제2차 세계 대전(1939-1945) 후에, 경제적 발전과 기독교에 대한 새로운 희망, 장년 교육에 관한 관심 및 실천으로 오랫동안 무시되어 왔던 기독교 교육이 다시 융성하게 됩니다. 교회는 부흥하였고 전후(戰後) 유아 출생 붐으로 양산된 어린이들로 인해 주일학교 출석률도 증가합니다. 경제 대공황 이후 중단되고 연기되었던 교육관이 증축 재건됩니다. 새로운 교육 과정의 개발과 더 많은 교사 모집과 훈련이 새로이 시무하게 된 교육(목)사에 따라 진행됩니다. 교육(목)사의 수도 1940년에는 1,000명에서 1960년대에는 기하급수적으로 증가하여 11.000명이 됩니다.[43]

이 시기에 각 교단이 교단 행정적으로 교육사 제도를 공인하고 헌법 속에 포함하는 일을 합니다. 선구자적으로 미국 감리교회가 1948년 자격 법규와 함께 처음으로 교단의 헌법 속에 교육사 제

---

43 Gentry A. Shelton, "The Director of Christian Education", In Introduction to Christian Education, Marvin Taylor(ed) (Nashville: Abingdon Press, 1966), 117.

도 법규를 신설합니다.[44] 이것은 1936년 교육사의 자격 기준은 있었으나 교단의 헌법 안에 구체적인 행정적 자리를 마련했다는 점에서 의미가 깊다고 할 것입니다. 이어서 타 교단들도 교육사 제도화를 이루어 나갑니다. 미국 루터교회는 1976년, 미국 연합 장로교회는 1981년 순으로 진행됩니다. 교파 단위로 교육(목)사의 자격 조건에 기준이 세워졌습니다. 1959년에는 미국 장로교회도 그 자격 조건을 결정합니다.[45]

명칭문제에 대한 갈등은 1951년 이후 세 가지로 정리됩니다. 교육사는 기독교 교육을 전담하기 위해 완전히 고용된 사람이고, 교육 목사는 교육사(D. C. E)와 같은 사람이지만 안수 받은 것을 구분하는 명칭입니다. 보조교육사는 전문직의 자격 조건에 미달하는 사람으로서 교회 교육을 위해 시무하는 사람입니다.[46] 이 시기는 교육사들의 책임과 교회 내에서의 역할을 통해 자기 정체성이 분명해졌고 과거 경제 공황기의 겸업 형태도 사라지게 됩니다.

세계 제2차 대전의 종식으로 교회학교 학생들의 증가, 새로운 교육관, 새로운 커리큘럼 자료들, 풍부한 교회 재정, 기독교 교

---

44 Furnish Dorothy Jean, *The Profession of Director or Minister of Christian Education in Protestant Churches*, 152.

45 Marvin J. Taylor, *Foundations for Christian Education in an Era of Change*, 편집부 역, 『기독교 교육의 새 방향』 (서울: 예장 총회 교육부, 1985), 336.

46 Furnish Dorothy Jean, *The Profession of Director or Minister of Christian Education in Protestant Churches*, 46.

육을 공부한 교육사 인원의 부족 등의 요인들이 남녀 젊은이들로 이 직업을 택하게 하는 요인이 되었고 격려가 되었습니다. 교단들은 이들에게 자격을 주는 규칙들을 공인했고, 교육사 모임들을 지원했습니다. 따라서 교단적인 지원은 교육사 제도 발전에 크게 공헌하였고 교육사 직의 모든 면이 회복되고 성장하게 되었습니다.

d. 제도의 변화와 도전의 시기 (1960-현재)

미국의 1960년대는 모든 면에서 변화를 가져왔습니다. 사회, 경제적으로 많은 구조의 변화가 있었습니다. 산아제한 기술의 발달로 출생률이 감소합니다. 전통적인 가족 제도가 바뀌어서 매우 다양한 양상을 띠게 됩니다. 범죄의 문제, 주택문제가 심각하였으며, 인플레와 경기 후퇴로 많은 실업자가 발생합니다.

또한, 신학적인 체계와 종교 이해도 역시 변화가 일어납니다. '신(神) 죽음의 신학', '세속화 신학', '희망의 신학', '상황 윤리', '해방 신학', '흑인 신학', '긍정적 사고의 힘', '성경으로 돌아가자' 등의 여러 가지 사조가 혼재되어 있었고 교회도 사회 조직과 같은 실망의 대상이 됩니다. 또한 가톨릭에서 제2바티칸 선언(Vatican II)이 1960년 대 초에 있었고 종교교육의 선언이 있었습니다. 이 선언의 공헌은 종교교육이 인간의 전체 삶 속에 모든 면에서 연결되어야 한다는 것을 주장한 데 있습니다. 이전의 가톨릭 종교교육의 태도와는 획기적인 전환입니다. 또 사회적으로는 미 최고 법정이 1962년에 공립학교에서 기도문 쓰는 것을 금지하였고, 1963년에는 공식적으로 성경 읽는 것을 금지했습니다.[47]

이러한 복합적인 상황 속에서 교회학교 학생 수는 줄어들기 시작합니다. 한 가지 예로 미국 감리교회의 보고서에 따르면 1975년 460만의 주일학교 학생이 1984년 230만으로 줄어들었습니다.[48] 1960년대의 주일학교 출석률의 감소와 경제적 침체 현상은 많은 개신교회 들에게 교육(목)사의 청빙 문제를 다시금 재고하게 만들었습니다.

많은 교회가 교육(목)사 자리를 없앴습니다. 그리고 새롭게 모시지도 않았습니다. 아울러 많은 교육 전문가들이 안수 받은 목사가 되어 경제적 문제를 해결해야 했습니다. 남성들은 계속 교육적 사역에 관심을 가지며 교육사 직을 갖고 안수를 받으려는 추세에 있습니다. 여성들도 가능한 한 안수를 받으려고 하고 있고, 여성 안수 문제를 해결하지 못한 교단들은 교육사로 현존하는 추세입니다.

---

47 은준관, 『기독교 교육 현장론』, 359.
48 은준관, 『"교육사, 왜 필요한가? -전문화 목회와 교육사』(서울: 기독교 대한 감리회, 1988), 49.

C. 교육(목)사의 자격과 위상

1. 교육(목)사의 자격과 자질

오늘날 우리는 고도로 전문화된 문명사회를 살아가고 있습니다. 이 사회는 전체가 하나의 교육사회의 구조로 되어 있습니다. 현대 사회를 성공적으로 살아가기 위해서는 매일 매일 끊임없이 무엇인가를 새롭게 배워 가야 합니다. 교육 구조 사회 안에 있는 한국 교회의 미래는 교회교육의 성패에 달려 있습니다. 이를 위하여 교회는 교회 교육을 교육 전문인에게 맡길 때입니다. 교육 전문인으로서 교육(목)사는 이미 기술한 기능들을 수행하기 위해 자격 요구사항이 제기됩니다. 교육(목)사는 일반적으로 지도자들이 갖추어야 할 지도력 이외에 많은 교육 프로그램과 교육자료 개발과 운영 등 비교적 전문성을 요구하는 사역이므로 이 분야에 준비된 지도자를 필요로 합니다.

미국 교회의 경우는 1906년 교육사가 시작된 이후 1948년 미감리교회가 교단적으로 처음 이 제도를 수용하며, 교육사 자격 요건을 제도화합니다. 현재 한국 교회에는 감리교단에서 제정한 자격 사항이 있으나 이들을 좀 더 구체적으로 살펴본 뒤에 한국 교회에 적합한 교육(목)사의 자격요건을 제시해 보려고 합니다.

a. 교육(목)사의 자격

(1) 미국 감리교회 교육(목)사 자격

1988~1992년 미국 감리교회 교육사 자격 규정에 따르면 교육사 직의 자격은 인품 및 교단적 배경과 학적 규정에서 다음과 같이 자격을 규정하고 있습니다.[49]

① 인품 및 교단적 배경
첫째, 인정받는 크리스천의 성품, 인격적인 능력, 성실함, 그리고 교회 전체의 사역과 선교에 대한 헌신성입니다.

둘째, 감정 표현의 성숙과 정확한 분별력을 소유하고 직분의 역할을 잘 수행할 수 있는 능력을 소유하고 또한 사람들과 원만한 인간관계를 유지할 수 있는 능력과 자원자들과 동료애를 함께 나눌 수 있는 자입니다.

셋째, 지도력으로 이론과 실천을 종합할 수 있는 능력, 즉 교회의 교육적 사역에 대한 이해 및 훈련을 요구합니다.

넷째, 미국 감리교회의 정회원으로서 최소한 1년 이상 된 사람입니다.

다섯째, 미국 감리교회의 구조, 정책, 교육과정 지원과 교육 프로그램 및 선교에 관하여 참여할 수 있을 정도의 지도력을 소유

---

49 The United Methodist Church, *Standards and Reguirements for Certigication as D. C. E., A. C. E. 1988-1992*, 4.

한 사람입니다.

② 학적인 규정

첫째, 미국 감리교회의 대학 위원회가 선정한 대학의 B. A 학
위나 인정되는 지방학교나 주립학교의 신뢰할 수 있는 학위 소
지자로서 학사학위 교육과정에는 성경, 종교학, 사회학, 심리학,
철학, 교육, 의사 교류, 영어, 역사 등의 과목을 반드시 이수해
야 합니다.

둘째, 기독교 교육 혹은 종교교육 전공 석사학위나 신학석사
학위 소지자입니다. 신학석사 학위 소지자는 교육과정 속에 기
독교 교육 과목을 이수해야 하는데 최소한 15학점이나 이와 동
등한 학적인 증명들이 포함되어 있어야 합니다. 이 교육과정 속
에는 예배, 미국 감리교회 역사, 교리, 교단 정책 등의 과목들을
이수해야 합니다. 또한, 이 석사 학위는 미국 감리교회의 대학
위원회가 인정하는 신학대학의 석사나 대학원의 석사과정이어
야 합니다.

셋째, 위 학적인 자격을 갖춘 후 미국 감리교회에서 기독교 교
육을 책임지고 2년 이상 효율적인 사역을 수행한 평가가 포함되
어야 합니다.

넷째, 교육사는 계속 교육을 위해 다음에 제시된 교육 프로그
램에 반드시 재교육 및 계속된 지도를 받아야 합니다. 독서, 연
구, 개인적인 것과 그룹 운영에 관한 참여, 전문성, 공동체 및 초
교파적인 그룹의 참여, 영적 삶의 갱신 등이 이에 포함됩니다. 이

외에 위 규정에 대하여 적법성을 목사 위원회에서 판단한 후 교육사 직을 수행토록 규정되어 있습니다.

③ 미국 종교교육협의회 규정에 따른 교육(목)사의 자격

미국 종교교육협의회는 교육사를 정회원과 준회원으로 구분하고 그 자격을 다음과 같이 규정하고 있습니다.[50]

첫째, 정회원입니다. 교육사의 정회원은 4년제 대학을 마치고 필요한 종교교육 과목과 3년간의 신학대학원을 졸업하였거나, 4년제 대학 졸업(B. A) 후 기독교 교육 석사학위(M. A)를 마친 자입니다.

둘째, 준회원입니다. 교육사의 준회원은 고등학교 졸업 후 인정된 기독교 교육 학교에서 2년간 전문훈련 및 교육을 받은 자입니다.

(2) 한국교회 교육(목)사의 자격

한국에서 처음으로 교육사 제도를 수용한 교단은 감리교회이며, 1989년 11월, 제18차 감리교 입법 총회에서 교육(목)사의 자격규정을 두었는데 다음과 같습니다.

첫째, 인품 면에서 기독교 교육에 소명이 있는 자, 기독교 교육에 대한 재능이 있는 자입니다.

---

50 Religious Education Association, "Directors of Religious Education," *Religious Education*, X.V. oct, 1920, 176.

둘째, 학력 면에서 대학원 전공 졸업생에 대한 언급은 없고, 감리교 신학대학, 목원대학, 감리교 협성신학교 또는 총회가 인준한 신학대학교에서 기독교 교육학과를 졸업한 자입니다.

셋째, 경력 면에서 입교인이 된 지 5년 이상 된 사람입니다.

은준관 교수는 감신대 기독교 교육학과 심포지엄 "교육사 왜 필요한가?"에서 교육(목)사의 자격 규정을 논하였습니다.[51]

첫째, 교육 목사는 안수를 받되 기독교 교육의 석사학위를 소유하고 1년 정도의 수련을 거친 사람이어야 합니다.

둘째, 교육사는 안수는 받지 아니하였지만, 기독교 교육 석사학위 소지자로, 전임사역자로 1년간 수련을 거친 사람입니다.

위 사항을 고려해 볼 때 은준관 교수는 학력과 실력 및 경험이 풍부하여 목회의 동역자로서 협동사역에 적합한 자를 교육(목)사로 선정해야 할 것을 고려한 것으로 볼 수 있습니다.

위의 사실들을 종합하여 볼 때, 한국교회 교육(목)사 자격은 기본적 자격과 전문적 자격으로 구분함이 바람직할 것입니다. 기본적 자격은 교육(목)사직을 수행하면서 교회의 지도자로 소유해야 할 내적 자질이고, 전문적 자격은 교육에 관한 연구, 경험, 훈련 등을 토대로 한 외적 지도력입니다.

① 기본적 자격

기독교 교육은 하나님의 부르심으로 기독교인의 봉사에 포함

---

51 은준관, 『교육사, 왜 필요한가? -전문화 목회와 교육사』, 52.

된 사역입니다. 결과적으로 그리스도와 그의 교회에 대한 근본적인 헌신이 필요합니다. 따라서 교육사의 자질은 전문성과 신앙의 뿌리에 있습니다. 교육사의 기본적 자격을 제시하면 다음과 같습니다.

첫째, 개인적인 헌신과 믿음의 깊이를 가지고, 지도자로 경건한 정신과 서약이 요구됩니다.

둘째, 사람들과 함께 일할 수 있는 능력이 있어야 합니다. 교육사는 사람들을 사랑해야 합니다. 그러한 자질이 없이 그는 성공적인 사역을 할 수 없습니다.[52] 성숙한 인격으로 모든 일에 솔선수범하여 지도할 수 있어야 합니다.

셋째, 조직적이고 행정적인 능력을 갖추어야 합니다. 이 능력을 갖추려면 훈련을 받아야 합니다. 한편으로 치우치지 아니하고, 균형 잡힌 생활을 해야 합니다.

넷째, 그리스도에게 깊이 뿌리를 박고 기독교 교육에 대한 소명감을 갖고 있어야 합니다. 영적으로는 성숙한 사람이어야 합니다. 즉 그는 목사가 되기 위한 훈련 단계나 디딤돌로 생각해서는 안 됩니다. 이 분야에 대해서 하나님의 인도하심에 대한 통찰력을 가져야만 합니다. 그는 직위나 호의에 대한 경쟁의식이 없이 자신의 위치에 만족하고 항상 즐겁게 사역해야 합니다. 특별히 교육사의 이러한 자세는 한국 교회의 목회현장에서 담임목사가 교회 전체를 대표하는 자로서 전문 분야의 교역자보다 그 권

---

52 J. T. Sisemore, *The Ministry of Religious Education*, 한춘기 역, 『교회와 교육』 (서울: 총신대학 출판부, 1993), 166.

위가 주어져 있고 또 그렇게 인식하는 평신도들의 사고방식 때문에 더욱 요구되는 자격입니다.

다섯째, 교육사에게 중요한 자격은 전문성입니다. 다시 말해서 교육사는 교육학적, 신학적인 높은 실력을 요구합니다. 충분한 신학적, 교육적 지식과 숙련된 훈련 과정이 필요합니다. 이를 바탕으로 정확한 안목과 판단 그리고 교육 프로그램 조정 등으로 인해 자기 발견과 자기분석 노력을 꾸준히 해야 합니다. 특히 지속적인 영적 성숙을 통하여 신앙과 교육의 통합을 이루어야 합니다.

② 전문적 자격

첫째, 개 교단에서 인정하는 정규 신학대학(또는 대학원) 기독교 교육학과를 졸업한 자입니다.

둘째, 기독교 교육에 대한 소명과 자질을 겸비한 자입니다.

셋째, 총회에서 인정하는 기관에서 일정 기간 이상 교육사 수련 기간을 수료한 자입니다.

넷째, 교육사 자질을 계속 개발하기 위해서 계속 연구 노력하는 자입니다.

위에 제시한 기본적인 자격과 전문적인 자격을 갖춘 자들을 일정한 절차를 거쳐 총회 차원에서 교육사로 선정하고 교육사 자격증을 부여하여 사역에 임할 수 있게 하는 것이 필요합니다.

강용원은 교육사 제도의 확립을 위하여 두 가지를 제안하는데 귀 기울일 필요가 있습니다. 먼저 교육사는 기독교 교육과를 졸업한 학생들에게 그 자격이 주어지는데 자격 여부를 위해 면접이나 시험을 부과할 수 있습니다. 기독교 교육과 이외의 관련학과 출신은 시험에서 몇 개의 과목을 추가할 수 있습니다. 교육사는 안수 받지 않은 교육 전문가로 소정의 과정을 마친 후 최소한 실무 경험 5년 이상을 가진 자로, 기독교 교육학이나 그 유관학과의 석사학위를 소지한 자로 총회가 주관하는 시험에 합격한 자에게 그 자격을 부여합니다. 이들을 관리하기 위한 총회 산하의 상설 기구를 설치할 필요가 있습니다.[53]

2. 교육(목)사의 위상

교육(목)사의 위상은 교회 평신도들, 담임 목회자들, 심지어는 교회교육 스텝들에게도 이해되지 못하기 때문에 소외됐습니다. 따라서 그들이 일하는 개별 교회에서 교육(목)사로서의 정체성 확립에 노력했습니다. 현재는 그들의 직책에 기능적 세분화가 이루어져 있습니다. 다른 교역자, 특히 담임목사와의 관계가 하나의 공동목회 속의 협동관계로 정착되고 있습니다. 교육(목)사의 위상 정립에서 생각되어야 할 문제들은 다음과 같습니다.

---

53 강용원, "교육 전문가 제도의 확립을 위한 제언," 『기독교보』 1990년 11월 10일.

a. 관계적 차원에서 비롯되는 문제

(1) 담임목사와의 관계에서 파생되는 문제

공동교역에 있어서 교육(목)사의 위치는 협력 목회자에 해당한다고 할 수 있습니다. 여기서 '협력한다.'라는 말은 다른 사람을 돕거나 조력한다는 의미를 내포합니다. 공동교역의 한 개념은 공동 교역이란 용어 안에 암시되어질 수 있는데, 담임목사가 이 용어에 대해 어떠한 관심이 있느냐에 따라 공동 교역의 방향은 달라질 것이라고 마빈 주디(Marvin T. Judy) 박사는 그의 저서 'The Multiple Staff Ministry'에서 말하고 있습니다. 이 주장에 근거한 교육(목)사에 대한 담임목사의 이해는 두 가지의 서로 다른 견해로 나타납니다.

첫째, 교육(목)사는 한낱 담임목사를 도와서 담임목사의 목회를 이루는 방편으로 보는 견해입니다.

둘째, 담임목사가 교육(목)사를 교회의 총체적인 교역에 있어서 같이 사역한다는 동역자로서 보는 견해입니다. 각 교역자는 자율적으로 자신의 책임 영역을 감당해 나갑니다. 하지만 전체적인 감독은 담임목사가 총괄하는 형태입니다. 그런데 오늘날 한국 교회의 교육(목)사에 대한 담임목사의 시각은 일반적으로 볼 때 전자의 경우가 월등히 많습니다.[54] 물론 이런 교육(목)사의 위

---

[54] 강성애·최혜경·한제희, "한국장로교회의 교육(목)사 실태 연구", 『기독교 교육 연구』, 통권1호 (서울: 총신대학 기독교 교육 연구소, 1990), 157-60.

상이 낮아지게 된 동기에는 교육(목)사 자신의 문제점, 즉 나이가 낮음과 실질적인 경험 부족, 자질에 관한 여러 가지 문제점이 있음을 부인할 수 없겠으나 이보다는 교육(목)사에 대한 담임목사의 잘못된 시각에서 파생되는 문제가 더 비중이 큽니다. 이런 관계적 차원에서 비롯되는 교육(목)사의 위상에 대한 위기감은 다음과 같은 몇 가지 요인을 들 수 있습니다. 첫째, 담임 목사와 교육(목)사 상호 간의 위치와 직능에 대한 이해 부족에서 오는 불신감입니다. 둘째, 교육(목)사는 담임목사를 돕는 자요, 신실한 목양 사역의 분담자입니다. 그런데도 담임 목사가 교육(목)사를 은연중에 경쟁의 상대로 보고 경계하는 태도에서 비롯되는 서로 간의 괴리감을 지적할 수 있습니다. 셋째, 담임목사와 교육(목)사와의 관계는 한쪽은 키워 주고 한쪽은 받들어 주는 관계를 늘 지속하여 상호 협력해 나가는 동역자의 관계인데, 교육(목)사를 자신의 아래에 있는 사람으로 보는 하시풍조로 인한 인격적 단절 등입니다.

(2) 교인들과의 관계에서 비롯되는 문제

첫째, 교육(목)사에 대한 교인들의 시각에서 비롯되는 문제입니다. 이는 담임목사와 고용된 목사로서의 교육(목)사라는, 구별되고 차등 있는 시각으로 교육(목)사를 바라봄으로써 오는 문제입니다. 이러한 문제점은 교인들의 눈에 비친 교육(목)사에 대한 담임목사의 처우에서 비롯된다고 할 수 있습니다.[55] 둘째, 담임목사와 교인들 간의 관계에서 비롯되는 교육(목)사 위상에 대한 문제입니다. 담임목사와 교인들 간의 관계가 좋을 때는 별로 문제가 없으나 담임목사에 대한 교인들의 평판이 나빠질 때는 자연히 교인들의 관심과 존경심은 교육(목)사에게 향하므로 본의 아니게 담임목사와의 관계가 미묘해지는 어려움을 당하는 경우가 있습니다.

(3) 교육(목)사 자신과의 관계에서 비롯되는 문제

여기에서 문제점은 교육(목)사가 스스로 자기 위치에 대해서 지나치게 집착함에서 기인합니다. 즉 담임목사 밑에 있는 교육(목)사라는 자기 위치에 대한 자신의 자격지심과 더불어 격상된 담임목사의 위치에 대한 자기비하 등을 들 수 있습니다. 물론 이러한 문제들은 교육(목)사의 위치나 입장이 많은 부분 담임목사의 인격이나 확신 때문에 좌우됨을 무시할 수 없지만, 교육(목)사는 자기의 위상과 발전을 위해서라도 자신의 위치에 대해 확신을 하고 담임목사와 협력하여 사역을 감당해 나가면서, 목회의 경험을 쌓고 배운다는 의식으로 봉사해야 할 것입니다.

이상과 같은 관계적 차원에서 비롯되는 교육(목)사의 위상에 대한 문제점들을 전체적으로 종합해 보고 문제에 대한 개선방안

---

55 위의 책.

을 제시해 보면 아래와 같습니다. 첫째, 교육(목)사는 먼저 담임목사와의 관계에서 확실한 자아관을 확립함으로 성도들의 무분별한 구설수에 부화뇌동(附和雷同)하지 말아야 합니다. 로버트 슐러(Robert H. Schuller) 박사는 그의 저서에서 교인들의 인기를 독차지하려는 목사의 자세야말로 가장 불안정한 자라고 했습니다.[56] 둘째, 담임목사와 교육(목)사 사이의 개인적인 친교는 물론 이 두 가정의 친교를 깊게 가지므로 깊은 신뢰감을 확립함과 동시에 상호 간의 독특한 성격이나 행동 양식을 잘 이해하고 수용하여야 합니다. 셋째, 기능적 차원에서 담임목사와 교육(목)사 상호 간의 직능과 위치를 최대한 존중해 줘야 합니다. 넷째, 적대적, 경쟁적 대상이기보다는 동역자적 공생적 대상으로 서로를 보아야 합니다. 다섯째, 외형적인 면으로는 사무적이고 위계적 관계가 인정될지라도 실제적인 관계에서는 이 선을 뛰어넘어 깊은 인격적 만남이 있어야 합니다.

b. 기능적 차원에서 비롯되는 문제

(1) 직임에 따른 책임 한계의 불확실성

공동 교역이 효율적으로 이루어지기 위해서는 담임목사와 교육(목)사 혹은 여타 목사(부목사, 선교 목사)와 교육(목)사와의 직

---

56 Robert H. Schuller, *Your Church Has Real Possibilities*, 조문경 역, 『성공적인 목회의 비결』 (서울: 보이스사, 1975), 65.

능이 확실하게 구분돼야 합니다. 그런데도 책임 영역이 불확실하여 사역의 중복, 책임 전가 등의 문제를 일으킵니다. 또한, 너무 무리한 책임을 부여하여 직임에 따른 전문성이 없어집니다.

(2) 교육(목)사의 전문적 능력과 교육현장 사이에서의 문제

교육(목)사는 교회교육에 있어 전문적인 능력을 갖춤으로써 이상적인 교육계획을 수립하였으나 실천하는 데 있어서 교육현장의 문제, 즉 부족한 교육 재정, 인적 자원의 부족, 열악한 교육환경 등이 교육(목)사의 전문적인 능력을 침체시키므로 문제가 발생합니다.

(3) 권한 위임에 대한 불확실성

교육(목)사는 협력 목회자로서 담임목사와 교회사역을 나누어 맡은 자입니다. 그러나 담임목사의 독재적인 지도력과 지나친 간섭, 공동 교역에 대한 이해 부족으로 권한 위임이 되지 않았거나 불확실한 경우 교육(목)사의 입지가 모호해지고 자신의 전문성을 발휘하지 못하게 됩니다. 이러한 문제는 담임목사가 교육(목)사에게 수락해야 할 권한 위임에 인색할 때 발생합니다. 여기에서 '위임'이라는 말은 목회를 함께 나누는 것을 의미합니다.[57] 이

---

57 C. Peter Wagner, *Leading your Church to Growth*, 김선도 역, 『교회성장을 위한 지도력』(서울: 광림, 1984), 56.

러한 '권한 위임'에 있어서 발생하는 문제의 원인을 테드 영 스트륨(T. Y. Strum)은 다음과 같이 분석합니다.[58] 첫째, 아랫사람은 과제를 다룰 수 없다고 생각하는 것입니다. 둘째, 아랫사람으로부터의 도전을 두려워합니다. 셋째, 인정받던 것을 잃을까 봐 두려워합니다. 따라서 이러한 문제점을 해결하기 위해서는 권한의 위임이 뚜렷해야 하고 교육(목)사의 인격과 의견을 존중해 줘야 하며 결정의 참여가 이루어져야 합니다.[59]

(4) 행정상의 위치에서 오는 문제

현재 교육(목)사를 공동 교역자로 둔 몇몇 대형교회를 제외한 대부분의 교회가 부목사라는 권한의 축소형으로 형식상으로만 교육(목)사 제도를 둔 경우가 많습니다. 여기서 파생되는 문제 야말로 교육(목)사에게는 커다란 위기감을 안겨다 줍니다. 왜냐하면, 교육에 있어 전문적인 자질을 가지고 교육목회를 담당할 것으로 알았는데 교회 교역 전반의 일을 감당해야 하기 때문입니다.

이처럼 공동 교역에 있어서 교육(목)사의 위상에 대한 문제점을 관계적 차원과 기능적 차원에서 살펴보았는데 이러한 문제점들은 공동 교역에 있어 매우 저해한 영향을 미침으로 이에 대한 대책이 시급히 요청됩니다.

---

58 위의 책.
59 정관봉, "교회 관리론," 『월간목회』, 제448호 (1981. 5): 75.

D. 교육(목)사의 역할과 기능

교육(목)사의 역할은 담임목사와의 관계에서 어떻게 일하느냐 하는 데 초점이 맞추어집니다. 기독교 역사 속에서 교육(목)사 직의 발생 이전에 담임목사라는 직이 먼저 자리 잡고 있었고, 교육(목)사 직은 새로 생겨난 위치이므로 담임목사의 위치와 비교하면서 설명하는 것이 이해가 쉽습니다. 또한, 기능의 문제는 지도력의 문제로써 이것도 담임목사와의 관계, 교회와의 관계 속에서 어떤 스타일의 지도력을 발휘하느냐에 초점을 맞추어서 설명하게 됩니다.

1. 교육(목)사의 역할

교육(목)사는 모든 일을 혼자 감당하는 것이 아니라 교회 전체가 좋은 교육 공동체가 되도록 총 책임을 져야 합니다. 즉 교육(목)사의 역할을 한마디로 말하면 일체의 교육을 통해서 교회의 성장을 촉구하는 매개체가 되게 하는 것입니다. 따라서 교육(목)사는 교역에 있어 중요한 영역이 교육에 있음을 먼저 인식하여 교회 공동체가 교회교육의 중요성을 자각시키고 기독교 교육에 더 많은 관심과 노력을 갖도록 유도하여 현재 교회의 문제인 교

육적 빈곤으로 인한 부작용을 극복하여야 할 것입니다.[60]

이러한 목적을 성취하려는 방편으로 교육(목)사의 세부적인 역할을 실질적인 측면에서 살펴보도록 합니다.

첫째, 교회의 전체 구성원에게 교회교육의 중요성을 인식시키는 일을 감당합니다.[61] 교육(목)사는 교회 안에 만연해 있는 교육의 경시 풍조를 파악하여 교회의 구성원들에게 교회교육의 중요성을 인식시키는 일을 합니다. 교회 안에 교육에 대한 재정적 기반의 부족, 다음 세대 교육에 대한 무관심, 교회교육에 대한 이해 부족 등의 문제를 파악하여 교인들이 교회교육 사역에 적극적인 협조와 관심을 두도록 합니다.

둘째, 교육적 프로그램을 위한 계획 수립 및 지도를 담당합니다. 교회 안에는 많은 부서가 있습니다. 즉 아동, 중. 고등, 청년, 장년부 등 조직이 있습니다. 교육(목)사는 이들 부서를 성경적 기반 위에서 양육해야 할 책임이 있습니다. 이를 위해서 교육(목)사는 부서의 특성을 잘 고려하여야 합니다. 교육 프로그램과 이를 위한 계획을 수립하고 지도하므로 효과적인 교육이 이루어지도록 해야 합니다. 아울러 교육(목)사는 교회교육을 총괄하는 자로서 교육이 통일성을 갖도록 조정자 역할을 해야 합니다.[62]

---

60 Calvin D. Kinder, *Me-A Pastor Educator*, (The Pastor. S Rale in Educational Ministry), R. A. Olson(ed), (Philadelphia: Fortress Press, 1974), 15-16.

61 김종옥, "공동교역에 있어 교육 목사의 위상과 역할에 관한 연구," (미간행 교육석사학위논문, 목원대학교 신학대학원, 1990), p. 15.

62 이재정, "교육목회에 관한 연구," (미간행 교육석사학위논문, 서울 신학대학

셋째, 계획된 교육 프로그램의 목적을 구성원에게 인식시키는 일입니다. 아무리 계획된 교육 프로그램이 유익하고 효과적이라 할지라도 그 교육 프로그램을 담당할 자들과 피교육자들이 교육에 대한 목적성을 인식하지 못한다면 공감대를 형성할 수 없으므로 그 교육에서 얻고자 하는 목적은 달성할 수 없게 됩니다. 따라서 교육(목)사는 교회 전체 구성원들에게 교육 프로그램과 그 목적을 인식시켜야 합니다.

넷째, 각 부서에서 올라온 프로그램을 감독 평가하고 교육 자료를 선택하는 일을 합니다. 각 교회의 형편에 따라 교육행정을 처리해 나가는 과정이 조금은 다른 양상을 가지고 있습니다. 하지만 일반적으로는 교회의 최고 수뇌부에서 커다란 교육목표를 세웁니다. 하급기관은 이 목표를 토대로 세부적인 계획을 세웁니다. 다시 상급 부서로 올리는데 교육(목)사는 이에 올라온 교육 계획을 검토하고 평가합니다. 그리고 각 부서에 맞는 적절한 교육 자료를 선택합니다.

다섯째, 교회교육을 담당할 교사를 모집하고 훈련하는 일입니다. 교회교육의 형성은 교육내용(성경)과 교육자 그리고 피교육자가 있을 때 가능합니다. 따라서 교육을 담당할 교사를 모집하여 훈련하고 임명하는 일은 매우 중요한 일입니다. 그러므로 교육(목)사는 교회 안의 인적 자원을 잘 고려하여 교사를 발굴하고 이들을 일정 기간 소기의 교육과정을 이수시켜, 교사로 임명하

교 신학대학원, 1989), 69.

는 일을 합니다.

여섯째, 교육에 필요한 시설물 파악 및 준비입니다. 교육의 내용이나 교사의 자질이 아무리 뛰어나더라도 그 교회의 시설물이 제대로 구비되어 있지 않아 교육환경이 열악하다면 교육은 수고한 만큼 결실을 얻을 수가 없습니다. 이런 현실은 오늘 한국교회 교회학교에서 자주 나타나는 문제점입니다. 그러므로 교육을 총괄하며 지휘하는 교육(목)사는 이와 같은 열악한 교육환경을 개선하는 역할도 수행해야 합니다.

일곱째, 담임목사와 협조하여 교육의 결과를 학습자와 교회에 알려야 합니다. 교육(목)사가 교회교육의 총책임자이지만 교회교육 실행에서 독단적일 수는 없습니다. 만일 그렇게 한다면 위로 담임목사와 괴리감이 생깁니다. 수평적으로는 교회 안의 절대다수인 피교육자들에게 지지를 받을 수 없어 많은 어려움을 초래하게 될 것입니다. 따라서 교육(목)사는 교육에 따른 결과를 담임목사와의 협조를 얻어 교회에 알려야 합니다.

여덟째, 장기적인 교육목회에 대한 계획을 수립하여야 합니다. 오늘날 한국 교회 교육의 가장 큰 문제점은 바로 장기적인 계획을 세우지 못하고 있다는 데 있습니다. 그 결과 일시적이며 주먹구구식의 교육계획을 세워나갑니다. 이런 문제점은 좋지 못한 결과를 초래합니다. 교인들의 신앙적 기초의 빈약함, 성경적 토대의 빈약함과 한시적인 교회 생활이라는 문제를 낳습니다. 그러므로 교육(목)사는 자신의 전문적인 교육적 자질과 경험을 다 동원해서 장기적인 안목을 가지고 교육목표를 세우므로 교육에 있어서 연장성과 생명성을 불러일으켜야 할 것입니다.

2. 교육(목)사의 기능

a. 교육(목)사의 기능 변화

교육(목)사의 기능 변화는 세계사 조류의 부침(浮沈) 현상과 함께 성장(1906-1930) - 쇠퇴(1930-1945)-회복(1945-1960)-안정(1960년 이후)의 추세로 변해 왔습니다. 이에 따라 교육(목)사의 역할도 시대별로 달라졌습니다.

첫째, 행동자(Do-er)로서 교육(목)사(1906-1930), 둘째, 자원인(Resource person)으로서 교육(목)사(1930-1945), 셋째, 조성자(Enabler)로서 교육(목)사(1945-1960), 넷째, 조정자(Coodinatot)로서 교육(목)사(1960-현재)의 기능을 발휘하던 때입니다.

(1) 행동자로서 교육(목)사(1906-1930)

20세기 초에 교육(목)사의 종교적, 문화적, 사회적 요청은 교육 전문인으로서 또는 문제 해결자로서 활발한 활동을 요청했습니다. 교육사(Director of Christian Education)라는 명칭의 Director(지도자)라는 이름이 권위주의적인 성격을 띠고 있듯이, 직접 지도하며 이끌어 나가는 사람이 교육사입니다. 예를 들면, 당시 사회적으로 문제가 많던 청소년 그룹의 지도, 교회학교 교장을 대신하여 교사 회의를 주관하는 것, 장년 성경공부 인도, 어린이와 장년 새신자반 담당, 주일학교 예배나 전체 교인들의 예배를 인도하는 일 등 많은 성공적인 교육 프로그램을 개발하기 위하여 지도자적 위치에서 일했습니다.

교육(목)사들은 그들이 교육 전문가로서 지도자적 일을 하기 위해서는 각 교회의 교육위원회에서 교육 계획을 선도할 권리가 있습니다. 그 계획을 자기 자신의 교육적으로 조사한 바에 따라 정책을 변화시키고 실제로 교육 계획을 운영하는 권리를 가지고 있습니다.[63]

(2) 자원인으로서 교육(목)사(1930-1945)

담임목사와의 갈등과 타 목사와의 갈등, 미국 경제 대공황으로 인한 경제적 타격으로 인해 교육(목)사는 역할이 바뀌었습니다. 이제 '지도자'의 자리에서 후퇴하여 '침묵의 동역자'가 되었습니다.

그 당시 교육(목)사는 간접적인 지도력을 발휘하게 됩니다. 목사와의 관계도 권위자와 복종하는 관계가 되었습니다. 하지만 여

---

63 Paul H. Vieth, "A Study of Personnel and Work of the office of Director of Religious Education", In Research Service in Religious Education,1,3 and 4. (Chicago: International Council of Religious Education, 1926), 36-39.

전히 교육 분야의 전문인으로서 교회교육 프로그램의 선도자 노릇을 했습니다. 또한, 배후에서 감독의 기능도 했습니다. 교회 예산의 삭감으로 인해 교회 안의 여러 사역을 아울러 담당하게 하여 재정의 필요를 충족시키려 했습니다. 이때의 교육(목)사는 '상담자'로서 개인들과 접촉을 했습니다. 주로 청소년 비행, 직업, 부모-자녀 간의 문제, 삶의 부적응, 개인적인 성장을 필요로 하는 분야를 상담했습니다. 이렇듯 자원인으로서 교육(목)사들을 이해하는 경향은 1960년대까지 지속합니다. 이에 따라 평신도들도 드러나지 않는 분야에서 교육(목)사들이 일하므로 오해하여 "일거리가 없는 사람"으로 보는 경향이 있었습니다.

(3) 조성자로서 교육(목)사(1945-1960)

교육사 제도 초기에는 직접적인 지도력 스타일이 요청되었으나 담임목사와의 갈등과 경제적 위축으로 1950년 말에서 1960년대 사이에 비지시적 지도력이 새롭게 나타났는데 이를 "조성하는 것"으로 지칭하게 됩니다.

조성자의 의미는 다른 사람을 돕거나 교회에서 주어진 임무를 감당케 도와주는 사람을 뜻합니다. 루이스 맥콤(Louise Mc-Comb)은 말하기를 "교육(목)사는 그의 노력과 인도로서 다른 사람들을 헌신적인 그리스도인과 교회의 회원으로서 그들의 잠

재력을 향상하게 하므로 조성자"라고 합니다.[64] 이러한 조성자
로서의 교육(목)사 이해는 올바른 자리를 찾은 것으로 보입니다.

(4) 조정자로서 교육(목)사(1960-현재)

최근 들어 교육(목)사는 조정자의 역할을 맡습니다.[65] 조정자는
난무하는 여러 신학 사상을 이해하여 교육 프로그램에 효과적으
로 적용하도록 해석합니다. 그는 신학자나 교사보다는 교육행정
가요 그리고 교육 전문가입니다. 끊임없는 의사결정 및 전문적인
판단과 충고를 하는 사람입니다.

조정자로서 교육(목)사는 행정가이자 신학자입니다. 또한, 교
육자로서 잘 훈련 받은 사람입니다. 행정가로서 교육(목)사는 목
표를 정하고 계획하고, 평가, 예산을 세워 보고합니다. 교육 자원
의 채용과 유지, 행정가로서 모임 주선, 갈등 완화, 창의력 등을
조정해 주는 사람입니다. 신학자로서 교육(목)사는 최근의 신학
적 진술들을 재해석하고 설명해 주는 전문적인 신학 지식을 갖
춘 사람입니다. 그뿐 아니라 교육 프로그램에 이를 통합 또는 해
석해 주는 영적인 지도자입니다. 교육자로서의 교육(목)사는 교
육 자료 또는 최신의 교육 이론들을 효율적으로 사용하도록 교

64 Louise McComb, *D. C. E.: A Challenging Career in Christan Educa-
tion,* (Richmond : John Knox Press, 1963), 12.

65 Maria Harris, *The D. R. E Reader,* (Minnesota: ST. Marry's Press,
1980), 15-19.

사들을 훈련하는 자입니다. 교육(목)사는 교회 조직 내에서 형식적인 일을 한다거나 조직을 뒷받침하고 기반을 이루는 비형식적인 역할을 담당하는 것이 아닙니다. 그는 명확하게 규정되어 있지 않지만, 겉으로 드러나지 않는 잠재적 역할을 맡습니다. 따라서 교육(목)사는 나 아닌 타인을 자발적으로 일하도록 격려하여 세우고 조정하는 일을 합니다. 그는 위에서 아래로의 상명 하달식 권위를 가진 자가 아닙니다. 오히려 아래에서 위로의 교육정책을 진행합니다.

한편 교육(목)사가 하는 일은 교회 안으로 국한하지 않습니다. 교회 밖으로 역할을 넓혀야 합니다. 지역 사회와의 관계 형성, 또는 지역사회 활동을 전개해야 합니다. 교육(목)사가 교회 밖 기관과의 관계를 맺는 것은 교회의 사회적 책임을 담당하는 것입니다. 더 나아가 선교적 측면에서 매우 유익한 일입니다. 따라서 교육(목)사는 교회 안에서 사역하는 사람이기보다 지역사회와 항상 같이 있는 사람이며 돌보는 일을 담당하는 자입니다.

지금까지 미국 교육사의 역할과 기능의 변화를 고찰했습니다. 교육사 직(職)을 한마디로 정의한다면 "변화할 수 있는 직업"으로 말할 수 있으며, 교육사 제도 역시 당시의 신학적, 경제적, 사회적 환경에 많은 영향을 받으며 이러한 영향들 가운데서 담임목사와의 관계 및 기능 등이 상관관계를 갖는 것으로 드러납니다. 이러한 관계성을 파악하는 체계적인 관점은 한국의 교육(목)사의 역할 및 기능을 예측할 수 있는 좋은 도구가 될 것으로 생각합니다. 결국, 여러 가지의 어려움에도 불구하고 미국의 교육사 제도는 공동 목회 하에서 동반자로서 자리를 굳히게 되었습니다.

b. 교육(목)사의 실제적 기능

교육(목)사의 기능은 '교육적 기능이다.'라고 단정하기가 쉽습니다. 그러나 오늘날처럼 목회 사역이 다변화하고 전문화된 상황에서 교육(목)사는 교육적 기능만을 수행한다고 생각해서는 안 될 것입니다. 그러므로 교육(목)사는 교육적 기능 이외에도 몇 가지 기능을 감당해 나가야 하는데 그것은 선교적 기능, 행정 기능, 상담 기능 등입니다. 물론 이 네 가지 외에도 교육(목)사가 감당해야 할 부분적인 사역들이 많이 있습니다. 하지만 여기서는 교육적 기능, 선교적 기능, 행정적 기능 이 세 가지만을 살펴보도록 합니다.

(1) 교육(목)사의 교육적 기능

교육(목)사는 소관 업무인 교육적 기능을 담당하면서 모든 일을 혼자 해 나가겠다는 생각을 버려야 합니다. 전 교회가 즉, 위로 담임목사와 아래로 교사들까지 모든 교회 구성원들이 좋은 교육 공동체가 되도록 하는 총체적인 역할을 담당해야 합니다. 이러한 측면에서 볼 때 교육부서만큼 비중이 큰 사역도 없다고 할 수 있습니다.

어떤 상황에서도 한 사람이 할 수 있는 일의 한계는 분명하게 있습니다. 혼자 하는 것보다 여러 사람이 함께하는 일이 시너지 효과가 있습니다. 현대 교회에서 가장 교육적인 기능을 능률적으로 할 수 있는 교육목회의 적당한 형태가 바로 공동 교역입니다. 공동 교역 중에서도 이와 같은 교육적 기능을 감당하는 것이 교육(목)사의 책임입니다.

교육(목)사는 이러한 교회의 일련의 교육적 기능을 수행하면서 자신이 공동 교역자로서 해야 할 역할을 알고 사역해야 합니다. 담임목사를 도와 교회의 교육 사역을 통하여 교회의 질적, 양적인 성장을 도모해야 한다는 사실을 인식해야 합니다. 모든 교육적 기능을 담당할 때에 담임목사와 상호 유기적인 관계를 맺고 자신의 기능을 담당해야 할 것입니다.

(2) 교육(목)사의 행정적 기능(교육행정)

교회교육 행정을 감당하면서 교육(목)사는 교회교육 행정이 사회의 일반 행정과는 다르다는 사실을 알아야 합니다. 제도적 행정이 아닌, 원리 중심의 행정이 되어야 함을 인식해야 합니다. 이에 대해 교회행정 학자 앨빈 린랜(Alvin Lindgren)은 "교회교육 행정은 어느 상황이나 문제에도 적응하고 적용할 수 있는 일련의 행정 원리로 이해하고 실천하는 방법이다."라고 했습니다.[66]

따라서 교육(목)사는 교육의 행정적 기능을 담당할 때 다음의

---

66 Alvin J. Lindgren, *Foundations for Purposeful Church*, 박근원 역, 『교회 개발론』 (서울: 대한 기독교 출판사, 1977), 16.

원리를 적용해야 합니다.

첫째, 교육행정은 교회교육 목적을 성취하는 도구입니다.

둘째, 교육행정은 조직이나 프로그램보다 인간을 더 중요시합니다.

셋째, 교육행정은 융통성이 있어야 합니다.

넷째, 교육행정은 '계획-조직-실시-평가'라는 연속된 기능을 수행하는 것임을 알아야 합니다.[67]

교회교육은 인간을 고정화된 과거의 틀 속에 얽어매어 놓으려는 길들이기 교육이 아닙니다. 그리스도 안에서 새로 창조된 새 인간을 목표로 변화를 추구하는 과정입니다. 변화는 과거 지향적이 아닌 미래 지향적입니다. 그러므로 교회의 교육은 항상 변화되어야 하며 혁신되어야 합니다. 그뿐 아니라 모든 상황에 유연하게 대처해야 합니다.[68]

교육(목)사는 교회의 근본 사명에 비추어 교육 프로그램의 조직과 관리를 수시로 점검해야 합니다. 교육을 시행하는 부서장, 교사들과의 대화를 통하여 문제점을 파악하고 과감히 프로그램을 시도하도록 수시로 그들을 독려해야 합니다. 또한, 교육위원회에 참석하여 교사 모집과 훈련, 교육목표 설정, 재정을 자문합

---

67 Gable Lee, Christian Nurture Through Church, 34-38 : Robert power, *Administering Christian Education*, (Michigan: Wn B. Edmans publishing Campany, 1964), 18-22.

68 Jurgun Moltemann, *Kirche in der Kraft des Geistes*, 박봉랑 역, 『성령의 능력 안에 있는 교회』(서울: 한국 신학 연구소, 1980), 35.

니다.[69]

교육(목)사는 수시로 가정과 교회의 기독교 교육적 사명의 중요성을 설교에서 강조합니다. 수시로 교회학교의 여러 반을 방문하여 격려합니다. 교사와 학생들을 만나며 교사훈련에 직접 참여하여 가르치는 일을 수행합니다. 또한, 교회 교인 중에 교육에 관심이 있고 교육에 자질이 있는 자들을 찾아내는 데 힘써야 합니다.

(3) 교육(목)사의 선교적 기능

선교는 하나님의 구원 사역에 참여하는 양식입니다. 교육은 선교를 가능케 하는 신앙 구조의 대화입니다. 더 나아가 참 자유 경험자들의 증언을 돕는 의도적 시도입니다.[70] 전통적 신학 이해에서 본 교회관은 한 마디로 구속 공동체의 기능이 강조됩니다. 이것을 교회의 '방주적 기능'이라고 말할 수 있습니다.[71] 이때의 교회 기능은 교육의 핵심을 선교에 둡니다. 그러므로 공동 교역자로서의 교육(목)사는 교회의 다른 교역자와 그리고 구성원들과 함께 선교적 기능을 책임 있게 감당하여야 합니다. 교육(목)사가 선교적 기능을 담당하면서 구체적으로 해야 할 일은 다음

69 감리교 신학대학 한국 선교교육 연구원, 『교회교육 핸드북』(서울: 대한 기독교 출판사, 1978), 215.
70 은준관, 『"교육사, 왜 필요한가? - 전문화 목회와 교육사』, 233.
71 고용수, "교육과 목회," 『교육교회』, 449.

과 같습니다.

첫째, 교회 구성원들에게 선교에 대한 주님의 지상명령을 가르침으로 개인이 선교사역에 동참하게 하는 것입니다. 선교 명령은 "오직 성령이 너희에게 임하시면 너희가 권능을 받고 예루살렘과 온 유대와 사마리아와 땅 끝까지 이르러 내 증인이 되리라"(행 1:8)입니다.

둘째, 더 나아가 교회 구성원들이 그리스도에 대한 신앙과 지식 안에서 성숙하도록 가르치는 것입니다. 이 일을 위해 하나님의 형상을 따라 창조된 자기됨을 드러내고 회복시킵니다.[72]

셋째, 이와 같은 선교 사역을 감당하기 위한 세부적인 대안을 세웁니다. 모든 교회 구성원들을 선교의 대열에 참여하게 합니다. 이에 따른 선교 전략을 세워 선교 사역에 역동적으로 임하게 해야 합니다. 교육에 있어 많은 권한을 위임받아 교회교육의 지휘자가 된 교육(목)사는 실제적인 역할에 있어서 영아부에서 장년부에 이르기까지 될 수 있는 대로 자주 그들과 접촉하여야 합니다. 부서를 순회하며 예배를 인도하고 말씀을 직접 가르쳐야 합니다. 동시에 각 부서의 지도자와 일선 교사들을 훈련할 수 있는 프로그램을 계획합니다. 가능한 대로 강습회 같은 것도 직접 지도하도록 해야 합니다.[73]

---

72 Arne Souik, *Salvation of Today*, 박근원 역, 『오늘의 구원』(서울: 대한기독교서회, 1980), 68.

73 황의영, 『목사학』(서울: 성광문화사, 1983), 283.

IV.

연구 방법과 분석 결과

이 장에서는 교육(목)사의 현황 파악을 위해 설문 조사한 결과를 분석하고 논의하려고 합니다.

A. 연구 내용

설문조사를 위해 설문지 작성을 하였는데 1990년 총신대학 대학원 기독교교육 전공자 3인의 설문지를 근간으로 문항을 작성했습니다.[1] 설문의 질문은 연구목적에 맞추어 적절하게 구성하였으며 목회자와 교육사 설문을 단일 종류로 했습니다. 문항을 구성하되 응답자 개인의 인적사항과 교회의 정보를 포함했습니다. 교육(목)사를 실시하는 교회의 규모 및 교회가 처한 상황에

---

1 강성애, 최혜경, 한제희, "한국 장로교회의 교육 성숙을 위한 교육(목)사 실태 조사" 「기독교 교육 연구」, 220-227.

따라 교육(목)사가 영향을 끼치는 여부를 파악하기 위해서입니다. 본인의 교회 사역 형태, 부교역자의 수, 교회에서 부여받은 공식 명칭, 현 교회에서의 사역 기간, 안수 받은 여부, 교육(목)사 인지 여부, 교회의 교육 책임자, 담당 부서, 교육(목)사가 되기 위한 교육 여부, 교육사의 기능과 역할, 교육 사역의 할당 시간, 교육(목)사의 처우에 관한 질문을 했습니다.

참여자의 경험이나 의견을 묻는 질문은 리커드 척도(Likert Scale) 5를 사용했습니다.

B. 연구 방법

본 설문 조사는 개별 교회에서 부교역자 또는 교육 간사로 현재 사역하는 자들을 대상으로 했습니다. 설문조사에는 총 11개 교회 91명의 목회자가 참여했습니다. 1차 설문조사는 2017년 10월 수도권에 있는 4개 교회에 본 설문지를 이메일로 보냈습니다. 담임 목회자에게 전화로 설문조사의 취지를 설명하고 교회의 부교역자와 교육 간사까지 설문지 작성 협조를 요청했습니다. 4개 교회 부교역자 49명이 설문에 응답했습니다. 2017년 12월 수도권과 지방 도시에 있는 8개 교회의 담임 목회자에게 설문의 취지를 설명하고 이메일로 설문지를 발송했습니다. 2차에 걸쳐 설문지 작성을 독려하여 7개 교회 42명이 설문에 응답했습니다.

<표 1> 조사대상 및 표집방법

번호	차원	내용
1	모집단	1차 조사 : 수도권 4개 교회 이메일 2차 조사 : 수도권과 지방 8개 교회 이메일
2	조사기간	2017년 10월 9일 - 2017년 12월 31일
3	표본크기	목회자, 교육사 총 91명
4	표본 추출 방법	유충표집
5	자료 수집 방법	자기 기입식 설문지법

C. 표본의 구성

조사결과 성별, 나이, 사역 형태, 장년 수, 다음 세대 수, 부교역자 수, 교회 위치 지역, 소속 교단, 본인의 교회 명칭, 현 교회 사역 연수, 안수 여부는 다음과 같습니다.

1. 교역자들의 일반적인 배경

1) 부교역자 배경 변인별 분포 결과 분석

교역의 형태를 알아보기 위해 귀하는 교역자입니까 라는 질문에 90명(99%)이 교역자라고 답했습니다. 안수 받은 여부에 대하여 받았다가 55명(61%), 받지 않았다가 36명(39%)입니다. 교육(목)사 제도를 위해 교역자의 성별이 어떤 영향을 끼치는가를 살펴보기 위하여 먼저 교역자들의 성별을 질문했습니다. 이에 응답한 91명 중에 남성이 75명(83%), 여성이 16명(17%)입니다.

연령대는 30대 52명(57%), 40대 23명(25%)이며, 20대 10%, 50대 8%입니다. 사역 형태는 전임 67명(74%), 파트 23명(25%)이며 준 전임이 1명입니다. 청장년 교인 수는 1000명 이상 48명(53%), 4000명 24명(26%)이며, 301~500명(10%), 101~300명(9%), 100명 미만 2%입니다. 다음 세대 수는 500명 이상이 41명(45%), 8000명 24명(26%)이며, 301~500명(8%), 101~200명(10%), 100명 미만 11%입니다.

교회의 지역적 특성은 대도시 79명(87%), 중소도시 12명(13%)입니다. 소속 교단은 91명(100%), 전원 장로교입니다. 본인의 교회에서의 명칭은 부목사 46명(52%), 교육 전도사 20명(23%), 교육 목사 5%, 전임 강도사 4%, 전임 전도사 10%, 교육 간사 3%입니다. 본인의 명칭에 만족한다가 88명(97%), 만족 못 한다가 3명(3%)입니다. 현 교회 사역 연수는 3년 이상 50명(56%), 2~3년 13명(14%), 1~2년 10%, 1년 5%, 1년 미만이 15%입니다.

담당 부서는 대학, 청년부 26명(29%), 장년이 23명(25%), 중고등부와 유초등부 각각 18%, 유아·유치 12%, 전도회 7%, 교육 전반 3%입니다.

〈표 2〉 교역자들의 일반적인 배경

번호	내용	빈도 계=91	백분율 100%	영역	내용	빈도 계=91	백분율 100%
성별	남성	75	83	부교역자수	기타 1명	22	33
	여성	16	17		2명	13	20
연령	20대	9	10		6명	6	9
	30대	52	57		9명	25	38
	40대	23	25	교회지역특성	대도시	79	87
	50대	7	8		중소도시	12	13
청장년교인수	전임	67	74		읍면지역	0	0
	준전임	1	1		농어촌	0	0
	파트	23	25	소속교단	장로교	91	100
	100명 미만	2	2		감리교	0	0
	101~300명	8	9		성결교	0	0
	301~500명	9	10	본인명칭	부목사	46	52
	500~1000명	0	0		교육목사	5	5
	1000명 이상	48	53		전임강도사	4	4
	4000명	24	26		전임전도사	9	10
다음세대수	50명 미만	4	4		교육전도사	20	23
	51~100명	6	7		교육간사	3	3
	101~200명	9	10		기타	3	3
	201~300명	0	0	명칭만족	예	88	97
	301~500명	7	8		아니오	3	3
	500명 이상	41	45	현교회사역년수	6개월 미만	5	5
	8000명	24	26		6개월~1년	9	10
부교역자수	교구 1명	4	4		1년	5	5
	2명	10	11		1~2년	9	10
	3명	21	23		2~3년	13	14
	5명	18	20		3년 이상	50	56
	14명	14	15	안수여부	예	55	61
	32명	24	27		아니오	36	39
	교육부서 1명	3	3	담당부서	유아유치	11	12
	2명	2	2		유초등	16	18
	3명	10	11		중고등	17	18
	4명	4	4		대학/청년	26	29
	6명	6	7		장년	23	25
	7명	19	20		전도회	6	7
	8명	9	10		교육전반	3	3
	10명	5	6		성가대	1	1
	11명	8	9		기타	6	7
	19명	24	28				

2. 교육(목)사 인식 현황

(1) 교육(목)사의 사역 위치

교육(목)사의 존재 여부 파악을 위해 교육 목사 또는 교육사에 대해 들어본 적이 있는가 하는 질문에 82명(92%)이 들어본 적이 있다 했습니다. 7명(8%)이 듣지 못했다고 대답했습니다. 응답한 교회 대부분이 대도시에 위치하며 교육사는 아니지만 교육 목사에 대해 인지하는 것으로 보입니다.

〈표 3〉 교육(목)사 인식여부

내용	예	아니오	무응답
빈도(계=91)	82	7	2
백분율(100%)	92	8	2

(2) 현재 교회의 교역 현황

부교역자들의 사역 실태 파악을 위한 지금 교회에서 하는 일은 무엇입니까 라는 질문에 복수의 응답을 허락했습니다. 설교 76명(85%), 심방 67명(75%), 성경공부 지도 50명(56%) 순으로 나타났습니다. 뒤이어 교회행정 38%, 교육계획 36%, 평신도 교육 35%, 교사교육 34%입니다. 교육행정과 교육자료 정리가 각각 15%로 상대적으로 낮게 나타납니다. 이 결과 부교역자의 사역이 장년 중심 사역이며 교회사역의 중심이 편중되었음을 알 수 있습니다.

〈표 4〉 현 교회에서 하는 사역

내용	설교	심방	교회행정	교사교육	교육계획	새신자
빈도수(계=91)	76	67	34	30	32	16
백분율(100%)	85	75	38	34	36	18
내용	평신도교육	성경공부	교육행정	교육자료	기타	무응답
빈도수(계=91)	31	50	13	13	4	2
백분율(100%)	35	56	15	15	5	2

복수의 응답을 허용한 교역자에게 현재의 교역자 외에 다른 영역의 교역자가 필요하다고 느끼십니까 라는 질문에 필요하다는 대답이 53명(62%)입니다. 누가 더 필요한가의 대답은 교육 전문가 21명(39%), 교육(목)사 16명(30%), 음악 목사 15명(28%), 교육 전도사 10명(19%), 행정 목사 19%, 목사 11%입니다. 이 결과는 개 교회가 교회 교육과 연관하여 전문가를 요청하고 있음을 알 수 있습니다.

〈표 5〉 다른 영역의 교역자 필요여부

내용	교육전도사	목사	교육전문가	교육(목)사	음악목사	행정목사	무응답
빈도(=54)	10	6	21	16	15	10	4
백분율(100%)	19	11	39	30	28	19	4

교회 현장에서 교역을 담당하는 사역자들의 교회교육 준비 파악을 위해 교육과 연관된 경험을 질문했습니다. 복수의 응답을

허용한 결과 교회학교 경험 65명(76%)으로 가장 많았고 기독교 교육 과목을 수강한 경우가 44명(51%)입니다. 선교단체 경험 31명(36%), 기독교 교육을 전공한 교역자는 9%입니다. 이 결과는 신대원 과정에서 가장 기본적인 기독교 교육을 수강하거나 본인이 경험한 교회학교가 현재 사역에 기초가 된다는 것입니다. 이후에 설문 결과가 나오지만, 신대원 외에 기독교 교육을 첨가하는 교육과정이 요청됩니다.

〈표 6〉 교육과 연관한 경험 내용

내용	기독교교육 수강	기독교교육 전공	선교단체 경험	교회학교 경험	무응답
빈도(=54)	44	8	31	65	5
백분(100%)	51	9	36	76	6

(3) 교육 계획과 실행 현황

귀하는 스스로 준비된 교육 계획안을 가지고 거기에 따라 교역하고 계십니까 하는 질문에 66명(77%)이 그렇다고 응답했습니다. 몇 년도 계획을 수립하고 계십니까 하는 질문에 1년 35명(53%)으로 가장 많았습니다. 1~3년 14명(21%), 1년 미만 12%, 3~5년 11%, 5년 이상은 3%입니다. 중장기적인 교육 계획을 세우지 못하고 있음을 알 수 있습니다. 교육 계획 중에 지역사회와 관련된 계획이 있다는 응답이 29%, 없다는 응답이 71%입니다. 보수적인 교단이 지역사회와 연계한 계획이 많지 못한 현실을 보여줍니다.

<표 7> 교육 계획안 준비현황

내용	1년 미만	1년	1-3년	3-5년	5년 이상
빈도수(계=66)	8	35	14	7	2
백분율(100%)	12	53	21	11	3

스스로 교육 계획안을 가지고 있을 때 이 계획은 전체 교회 교육에 어느 정도 반영이 되는가에 대하여 80% 반영된다가 29명 (47%)입니다. 50%가 17명(23%), 100%와 30% 각각 12%, 거의 반영이 안 된다 7%입니다. 교역자가 계획을 세워도 교육 현장에 반영되기가 어려움을 알 수 있습니다.

<표 8> 교육계획 반영정도

내용	100%	80%	50%	30%	거의 반영 안됨
빈도수(계=66)	8	29	17	8	4
백분율(100%)	12	47	23	12	7

교육계획을 실행하는데 어려움이 있다는 응답이 37명(56%)입니다. 이유는 계획을 세워도 실행에 반대가 많다가 14명(38%), 자료나 보조기구가 없다가 10명(27%)입니다. 계획 자체가 비현실적이다가 12%, 계획에 협조자가 없다가 8%, 어떻게 계획하는지 생각해 본적이 없다가 7%입니다.

<표 9> 교육계획 실행의 어려움

내용	반대 많음	비현실적	협조자 없음	자료없음	무계획	기타
빈도수(계=66)	14	5	3	10	2	3
백분율(100%)	38	12	8	27	7	8

(4) 교회의 교육사역 현황

교회에서 다음 세대 포함 청장년 교육 사역에 할애하는 시간을 질문했습니다. 8시간 이하 33명(42%), 8~16시간 21명(24%)입니다. 17~24시간 11%, 25~44시간 9%, 44시간 이상은 6%입니다. 귀하의 교역시간에 만족하느냐는 질문에 만족한다가 40명(53%), 만족 못 한다는 36명(47%)입니다. 만족하지 못 한다면 적당한 시간은 얼마인가의 질문에 1주일 중 며칠만 20명(56%), 1주 내내 13명(36%), 주일만이 8%입니다.

〈표 10〉 교회 교육사역 시간 (주당)

내용	8시간 이하	8-16	17-24	25-44	44시이상	무응답
빈도수(계=91)	33	21	10	7	5	13
백분율(100%)	42	24	11	9	6	14

교육 현장에 대해 보고를 한다가 73명(93%)입니다. 복수의 응답을 허락한 누구에게 보고 하는가의 질문에 목사 57명(74%), 교육위원회 28명(38%)입니다. 당회 22%, 장로 10%입니다. 귀 교회 조직표 상 현재 귀하의 위치는 어느 곳입니까 하는 질문에 49명(59%)이 담임목사 아래라 답했고, 교육 목사 아래라는 응답이 20명(24%)입니다.

〈표 11〉 교육현장 보고현황

내용	목사	장로	교육위원회	당회	기타
빈도수(계=73)	57	7	28	16	0
백분율(100%)	74	10	38	22	0

(5) 교육정책의 입안 결정 실행

목회 현장의 교육 책임을 알아보기 위해 교회에서 교육 책임자
가 누구인가 하는 질문에는 담임목사 66명(74%), 교육 목사 20
명(23%)입니다. 교육 전도사 3%, 교육 전문가라는 응답은 한 명
도 없습니다. 교회 교육 책임자가 담임목사라면 교육적 소양을
갖추는 면에 더욱 큰 노력을 기울여야 합니다.

〈표 12〉교회의 교육책임자

내용	교육전도사	담임목사	교육전문가	교육목사	기타	무응답
빈도(계=91)	3	66	0	20	0	2
백분율(100%)	3	74	0	23	0	2

교육정책의 입안자와 결정자와 실행의 당사자를 알아보기 위
해 문항을 제시하고 각각 선택하도록 했습니다. 교회 교육의
입안자는 교육(목)사 33명(46%), 교육전도사 23명(32%)입니
다. 교육위원회 24%, 교사회의 21%입니다. 교육정책의 결정자
는 담임목사 43명(61%), 당회 24명(34%)입니다. 교육(목)사는
13%입니다. 교육의 실행자는 교육전도사 36명(51%), 교육(목)
사 28명(39%), 교육위원회 23%입니다.

교육정책에 있어서 부교역자의 역할을 질문하였더니 실행자
47명(58%), 입안자 35명(43%)입니다. 교육정책의 최종 결정자
는 담임목사 60명(79%), 당회 10명(13%)입니다. 교육목사 9%,
교육위원회 5%입니다. 교회 교육의 정책 결정 과정에 교육 전문

가의 영향력이 저평가되고 있음을 알 수 있습니다.

〈표 13〉 교육정책의 입안, 결정, 실행자

내용		입안자	표시수	백분율		결정자	표시수	백분율		실행자	표시수	백분율
빈도수(계=71)	입안	1	4	5	결정	1	43	61	실행	1	0	0
		2	1	1		2	3	4		2	0	0
		3	17	24		3	16	23		3	16	23
		4	15	21		4	3	4		4	7	10
		5	33	46		5	9	13		5	28	39
백분율		6	23	32		6	3	4		6	36	51
		7	2	3		7	24	34		7	3	4
		8	0	0		8	0	0		8	1	2

① 담임목사 ② 장로 ③ 교육위원회
④ 교사회의 ⑤ 교육(목)사
⑥ 교육전도사 ⑦ 당회 ⑧ 기타

3. 교육(목)사의 처우에 관한 사항

(1) 교육(목)사 제도의 확립

교회교육 개선의 의지가 교육(목)사를 둠으로써 해결될 수 있다가 51명(64%), 아니다가 29명(36%)입니다. 교육 전문가를 둠으로 교회교육이 개선될 수 있다는 응답이 배 이상입니다.

복수의 응답을 허용한 교육 사역을 하는 데 있어서 필요하다고 생각되는 부분은 교육 사역의 전문화 56명(72%)입니다. 교인들의 교육교역에 대한 인식 증대 49%, 인원보충(조직력) 35%, 교육전문가로서의 확실한 역할 구분 32%입니다. 교회에서 목회의 전문적인 역할이 명확히 구분되어 있는가라는 질문에 그렇다가 53명(64%), 아니다라는 응답이 30명(36%)입니다.

〈표 14〉 교육사역에 필요한 부분

내용	인원보충	교육사역 전문화	교사 임명권	지역사회 유대강화	교육권한 확장	처우개선
빈도수 (계=78)	27	56	6	9	19	12
	35	72	8	12	24	15
백분율 (100%)	교인인식 변화	역할구분	타 교역자 교류	지위확보	관계개선	무응답
	38	25	14	7	8	13
	49	32	18	9	10	14

복수의 응답을 허용한 교육의 전문인으로서 교회의 교육 행정상 바람직한 정책과정의 결정은 무엇인가 교육(목)사 자율권에 맡긴다가 41명(51%)입니다. 교육위원회 결정에 위임한다는 35%, 담임목사의 결정에 위임한다가 34%, 교사회의 의견을 절대 반영한다는 33%입니다.

〈표 15〉 교육행정상 바람직한 정책결정 과정

내용	교육(목)사 자율	담임목사 위임	교육위원회 위임	교육부장 협의
빈도수 (계=91)	41	27	28	22
	51	34	35	28
백분율 (100%)	교사회의 절대 반영	해당 사항 없음	무응답	
	26	1	11	
	33	1	12	

교역자가 생각하는 교육(목)사가 갖추어야 할 학문적 자격을 질문했습니다. 신학대학원을 졸업하고 기독교교육을 전공(대학원 이상) 한 자 36명(45%)입니다. 기독교교육 전공(대학원 이상) 21%, 신학대학원 졸업자 19%입니다. 이 결과는 신학대학원에서의 기독교 교육이 원만하게 이루어지지 않고 있음을 보여줍니다.

〈표 16〉 교육(목)사의 학문적 자격

내용	일반대	일반대학원	박사학위	기독교교육 전공(대학)	기독교교육 전공(대학원)
빈도수 (계=91)	2	5	0	7	17
	3	6	0	9	21
백분율 (100%)	교육 박사	신학교	신학대학원	신대원+ 교육전공	무응답
	3	3	15	36	11
	4	4	19	45	12

평신도들의 교회 교육의 인식 정도를 파악하기 위해 질문하였더니 만족한다가 39명(48%), 그저 그렇다가 34명(38%)입니다. 만족하지 못 한다 6%, 관심이 없다 4%, 아주 만족 한다는 3%입니다. 귀하는 교회교육 개선의 의지가 교육(목)사를 둠으로써 해결될 수 있다고 보느냐 라는 질문에 긍정적이다 51명(64%), 부정적이다 29명(36%)입니다. 교육 전문가를 세움으로 교육 현장이 달라질 수 있다는 응답이 배 이상입니다.

〈표 17〉 평신도들의 교회교육 인식

내용	아주 만족	만족	그렇다	불만족	무관심	무응답
빈도수(계=91)	2	39	34	5	3	9
백분율(100%)	3	48	38	6	4	10

복수의 응답을 허용한 전문적인 기독교교육(교육사를 포함해서)은 어떤 경로로 실현될 수 있다고 생각하는가를 질문했습니다. 담임목사의 필요성 인식 52명(63%), 교회교육 구조의 개선 43명(52%)입니다. 전문 인력의 확보 47%, 평신도의 인식 35%, 교회 예산 확보 후 33%입니다. 기독교 교육에 대한 교회 안과 밖의 인프라가 조성되어야 합니다.

<표 18> 전문적인 기독교교육 실현과정

내용	예산확보	담임인식	전문가 확보	구조개선	지위확보	영역확대
빈도수 (계=91)	27	52	39	43	4	14
	33	63	47	52	5	17
백분율 (100%)	평신도 인식	여성안수	협력 인식	불필요	무응답	
	29	2	6	1	8	
	35	3	7	1	9	

(2) 교육(목)사의 예우

교회에서 받는 사례비가 네 가지 사항과 비교하여 적당한 지에 대한 여부를 질문했습니다. 응답의 결과는 다음과 같습니다. 교회학교 전문가로서 보수가 적당하다는 50명(68%)입니다. 적다 25%, 많다는 7%입니다. 영역 면에서 같은 일을 진행하는 일반 학교 교사보다 적당하다와 적다가 각각 35명(49%)입니다. 많다는 단 2%입니다. 교회 내의 타 교역자보다 적당하다는 60명(79%)입니다. 적다 14%, 많다 8%입니다. 귀하가 하는 일의 양에 비교해 적당하다 60명(78%)입니다. 적다 25%, 많다 4%입니다. 귀하 교회의 경제 사정과 비교해 적당하다 59명(77%)입니다. 적다 19%, 많다 4%입니다. 이 결과를 볼 때 교회 내부적으로는 받는 보수가 적당하거나 적다는 응답이 많습니다. 일반 학교 교사에 비교할 때는 적다는 응답이 절반입니다.

〈표 19〉 보수 만족 여부

내용		많다	백분율	적당	백분율	적다	백분율	무응답	백분율
빈도수 (계=91)	교회학교 전문가로	5	7	50	68	18	25	18	20
	일반학교 교사 비해	2	2	35	49	35	49	19	21
	타 교역자 비교하여	6	8	60	79	11	14	15	16
백분율 (100%)	하는 일에 비해	3	4	60	78	19	25	14	15
	교회 사정에 비해	3	4	59	77	15	19	14	15

복수의 응답을 허용한 현재 귀하에게 제공되는 사항은 무엇입니까 하는 질문에 휴가 69명(85%), 사무실 58명(72%)입니다. 사택 53%, 의료보험 52%, 퇴직금 51%입니다. 본 설문은 초대형 교회가 중심이며 부목사들이 상당수를 차지합니다. 설문지에 파트 사역자들의 대우는 현저한 차이를 보이며 부목사와 교육목사 사이에도 엄연한 차별이 있습니다.

<표 20> 교회의 제공 사항

내용	사택	차량	의료보험	생명보험	연금	교육비	사무실
빈도수 (계=91)	43	25	42	9	21	13	58
	53	31	52	11	26	16	72
	휴가	휴일	비서	퇴직금	보너스	기타	무응답
백분율 (100%)	69	40	0	41	31	5	10
	85	49	0	51	38	6	11

(3) 공동 목회 제안

귀하께서는 교육(교역) 전문가들의 공동 목회 필요성을 인식하느냐는 질문에 그렇다라는 응답이 63명(77%)입니다. 공동 목회가 필요한 이유는 교회학교의 전문성에 대한 요청 때문이다가 48명(78%)입니다. 다원화된 현 사회의 요청 때문에 21%, 교인의 다양한 계층 때문에 17%입니다.

<표 21> 공동목회 필요성 인식

내용	다원화 사회	교회 팽창	다양한 계층	교회학교 전문성	무응답
빈도수 (계=63)	13	3	11	48	9
백분율 (100%)	21	5	17	76	10

복수의 응답을 허용한 공동 목회를 할 때 문제점은 무엇인가 하는 질문에 교역자의 역할 및 책임 문제 60명(72%)입니다. 공동 목회에 대한 인식 부족이 59%입니다.

<표 22> 공동 목회 시 문제점

내용	교역자 인간관계	역할 및 책임문제	교인 인식 선호문제	공동목회 인식부족	무응답
빈도수 (계=63)	25	60	27	49	8
백분율 (100%)	30	72	33	59	9

　복수의 응답을 허용한 공동 목회에서 전문적인 영역을 나눈다면 꼭 필요한 영역은 무엇인가라는 질문에 교육 60명(75%), 상담 42명(53%)입니다. 교회행정 44%, 음악 43%입니다. 교역자들은 단연코 교육을 공동 목회 시 꼭 필요한 내용으로 꼽고 있습니다.

<표 23> 공동 목회 필요한 영역

내용	교회행정	교육	설교	선교	음악
빈도수 (계=63)	35	60	24	21	34
	44	75	30	26	43
	심방	사회복지	상담	기타	무응답
백분율 (100%)	12	24	42	1	11
	15	30	53	1	12

V.

교육(목)사 양성을 위한
대안적 모색

A. 교육(목)사 양성제도의 문제

지금까지의 논지 속에서 목회에서의 교육이 차지하는 비중이 절대적이요, 크다는 사실을 피력합니다. 교회교육은 교회교육 전문가에 의하여서 이루어져야 하며, 이런 의미에서 교육(목)사 제도가 한국 교회에 필요하다는 사실을 말합니다. 교육(목)사 제도의 필요성과 더불어 이 제도가 성공적이 되기 위해서는 먼저 교회교육 전문가의 양성이 반드시 선행되어야만 합니다. 아무리 완벽한 헌법적인 제도가 있고, 담임목사와 교인들의 교육(목)사에 대한 인식이 확고하다고 할지라도 교육사역을 감당할 교육전문가의 양성이 없다면 실효를 거둘 수가 없습니다. 불행하게도 한국에는 교육전문가를 양성하는 독립적인 기관이 존재하지 않음으로 학교설립 목적을 목회자 양성에 두고 있는 신학대학(원)

의 교육 과정상의 문제점을 살펴보고자 합니다.

21세기를 맞이하는 한국 교회는 많은 과제를 안고 있습니다. 그 가운데 제일 시급한 것은 신학교육의 반성과 정비입니다. 신학교라는 영어 단어인 'Seminary'는 본래 못자리판을 뜻합니다. 따라서 신학교육의 잘못은 교회 전체가 잘못됨을 뜻합니다.

1960년대 이후 거듭해 온 교회의 성장에 비추어 볼 때 신학교육은 그리 낙관적이지 않습니다. 한국 교회의 신학교육에 대한 자기반성은 어제오늘의 일이 아닙니다. 1960년대 초기부터 제기되었습니다. 당시에 신학교는 20개인데도 거론된 문제는 한둘이 아니었습니다. 교회와 격리된 신학교육, 교수 부족, 목회자의 대량생산, 학생의 자질 부족, 도서 부족 등이 거론되었습니다. 지금까지 발표된 한국 신학교육에 대한 글들은 대부분 긍정적이기 보다 부정적인데 이것은 외국도 예외는 아닙니다.

전호진 교수는 한국 복음주의 선교학회 세미나(89년 11월 24, 25일) 강연에서 한국 신학교육의 문제점을 지적하고 해결 방안을 제시합니다. 즉 교회와 격리된 신학교육, 신학생의 양과 질 문제, 신학교 난립 문제, 신학교의 학제 문제, 교수 및 도서 부족, 학생의 자질 부족 등을 살피고 이에 대한 원인과 해결 방안 등을 제시했습니다. 그는 신학교육을 집중적으로 지원하는 진보주의에 비교해 복음주의는 신학교육의 연구와 논의가 거의 없으며 시대 상황을 도외시한 보수주의의 취약점을 지적했습니다.[1]

---

1 전호진, "한국 신학교육의 진단과 처방," 『목회와 신학』, 제5호 (1990. 1): 90-91.

조종남 교수는 그동안 신학자들에 의해 제기된 문제점들을 다음과 같이 정리합니다.[2] 첫째, 신학교가 난립하고 있습니다. 교육 수준이 낮습니다. 신학교육의 수준에 문제가 있습니다. 둘째, 신학교에서 가르치는 교육이념이 불확실합니다. 신학 교육의 이념문제입니다. 셋째, 신학교가 오늘의 교회목회에 적합한 사역자를 배출하고 있지 못합니다(교수의 자질과 커리큘럼의 문제). 넷째, 시설 및 학교재정의 빈곤(재정문제)입니다. 다섯째, 교회와 협력이 이루어지지 않고 있습니다(교회와의 협력문제).

그 각각의 문제들을 구체적으로 생각하면 다음과 같습니다.

(1) 신학교육의 목적을 바로 세워야 합니다.

오늘 신학교육의 큰 문제는 신학교가 교회가 요청하는 교역자를 배출하지 못하고 있다는 데 있습니다. 그러므로 신학교육의 목표가 어디에 있는지를 점검해야 하는 것입니다. 어디에 목표를 두고 신학교육을 시행해야 하느냐 하는 기본적인 질문입니다. 일반적으로 신학교들 사이에 상반되는 목표가 있는 것을 우리는 알고 있습니다. 루엘 하웨(Reuel Howe)는 다음과 같이 말합니다.[3]

"오늘날 신학교가 신학을 배우는 전당이 되어야 할 것인가, 그

---

2 조종남, "교역자 양성을 위한 신학교육 개선책," 『목회와 신학』, 제26호 (1991. 9): 43.
3 조종남, "교역자 양성을 위한 신학교육 개선책," 『목회와 신학』, 43.

렇지 않으면 교역자를 훈련하는 학교가 되어야 할 것인가의 논란이 극심하다. 이 문제에 대한 논란은 두 가지로 갈라진다. 우리가 신학교는 신학을 배우는 전당이라 할 때는 교회를 위한 사역자들을 양성해야 하는 책임이 약해지는 것을 본다. 그런가 하면 교회 사역자를 훈련하는 곳이 신학교라고 할 때, 그 신학교는 학문을 연마함으로 그 신앙을 지켜나가게 해야 할 책임을 약화해 나간다는 것을 염려하게 된다. 그렇다고 신학교가 이 두 가지를 다하려 하면 신학교의 책임이 너무 지나치다고 느끼게 된다. 이런 면에서 양면, 신학교는 교역자를 훈련하는 장이다. 배움의 전당이다. 이 두 가지 주장을 상호 연결하는 것은 어렵고도 괴로운 것이다."

도한호 교수는 신학교육기관의 근본적 이상은 교역자 양성이며 사회 지도자 양성은 부가적 목적이라고 합니다.[4] 세계 루터교연합회 신학교육부 총무 나가이(G. Naggy)는 신학교육의 내용은 목회자상과 교회의 사명과 기능에 초점을 맞추어야 한다고 하였으며, 오웬 토마스(Owen C. Thomas)도 신학 교육의 중요한 목표 가운데 하나는 새롭고 다양한 목회를 위하여 끊임없이 변화해 나가고 있는 교회와 사회의 요구에 대하여 신학생들이 민감하게 대처해 나갈 수 있도록 하는 것이라고 합니다.[5] 신학교육

4 도한호, "신학교의 커리큘럼이 교회에 적합한가." 『목회와 신학』, 제26호 (1991. 9): 55.
5 위의 책.

의 이중목적은 훌륭한 목회자의 양육이 첫째이며, 변화하는 교회와 사회적 요구에 대처할 수 있는 생명력 있는 신학의 발전이라고 생각합니다.

전통적으로 신학은 학문 중의 가장 중요한 위치를 차지합니다. 물론 신학 자체가 학문인가 하는 문제에는 논란의 여지가 많습니다. 그러나 현재 신학생들의 대부분은 장차 목회자가 될 사람들입니다. 그들이 지금 배우는 내용으로서의 신학에 대해서는 한 번쯤 재고하여 볼 필요가 있습니다. 교회가 요구하는 목회자들에게 필요한 신학은 학문으로서의 신학이 아닙니다. 하나님의 계시를 현실 상황과의 상관작용을 통해서 조직화하고 그것을 구체화하는 작업이 필요합니다. 그렇다면 이론적인 학문으로서의 신학은 목회자를 위한 준비로써 적당치 못합니다. 물론 신학교의 교육과정 안에 실천신학이 있기는 합니다. 그러나 실천신학의 범주 아래 있는 신학들은 이론 신학과는 별 상관이 없습니다. 단지 교육과정의 구색만을 채우고 있는 형편이며 누가 무엇이라 하여도 신학교육은 이론적인 학문으로 이해되고 있습니다. 신학이 '하나님의 말씀이 삶에 영향을 미치도록 하는 일'로 정의한다면 신학의 분업화는 필수적입니다. 이론신학과 실천신학이 서로 연계를 맺으면서 발전해 나가야 합니다. 그렇지 않으면 신학의 발전도 어렵지만 혹 신학이 발전되더라도 실제로 목회현장에는 아무런 영향력을 미치지 못할 것입니다.

현재 신학교육의 목적은 한마디로 목회자 양성입니다. 신학에 속하는 여러 학문을 가르치는 것은 그 목적을 이루는 과정입니다. 그런데 어떤 이들은 신학교육의 목적만을 강조한 결과 교육 과정의 중요성을 놓치고 있습니다. 무엇을 위한 공부가 아니라 공부를 위한 공부가 되어 버린 것입니다. 바람직한 신학교육은 신학교육의 과정과 최종 산물이 균형 있게 강조되는 것입니다.

(2) 신학교와 목회현장의 괴리현상입니다.

몇 년 전 한국 복음주의 신학회에서 각 신학대학 학장들이 패 널리스트가 되어 한국 신학교육의 문제점에 대해 논의하면서 내 린 결론은 신학교를 졸업한 학생들이 설교할 줄 모르고, 성경을 가르칠 줄도 모르고, 개인 전도를 할 줄도 모른다는 것입니다. 많 은 경우 신학교에서 배우는 내용이 현실과 유리되어 있어서 심 지어는 "신학교에서 배운 대로 목회하면 반드시 목회는 실패한 다."라는 말까지 나옵니다.

우리의 신학교육은 교회를 위한 신학교육이요, 교회와 함께하 는 교육이 되어야 합니다. 복음주의 신학교는 교회를 중요시합 니다. 왜냐하면, 교회는 세상을 향하여 영원한 하나님의 말씀을 증거해야 하기 때문입니다. 또 세상을 향한 하나님의 뜻을 간직 하고 있는 것이 교회입니다. 복음주의는 교회가 역사 속에서 하 나님의 선교를 위한 유일한 도구라는 견해를 갖고 있습니다. 그 러므로 신학교란 교회의 일부입니다. 결코 신학교가 교회와 완전 히 격리된 기관이라고는 생각할 수 없습니다. 그런 까닭에 신학 교육은 장차 교회 사역을 해야 할 사람들을 그리스도의 진리 안에서 훈련하는 책임을 담당하고 있는 기관입니다. 한 마디로 교회와 신학교의 관계는 사람의 몸에 있는 살과 뼈의 관계입니다.

그러나 오늘의 현실은 어떠합니까? 3년 내내 성경과 신학을 가지고 신학교육을 받았음에도 불구하고 정작 목회현장에서 무엇을 가르칠지를 알지 못합니다. 이곳저곳을 기웃거리며 가르칠 '거리'를 찾게 되는 것은 우리 신학교육의 난맥상을 여실하게 보여줍니다.

효율적인 신학교육이 되기 위해서는 학문적이고 실천적인 그리고 영적인 교육을 철저히 해야 합니다. 더 나아가 이 세 분야가 서로 건전한 조화를 잃지 않고 온전한 수준에 이르도록 이끌어야 합니다. 오늘에 와서 신학교육이 목회현장 적응성을 갖기 위해서는 영성훈련, 실제적인 분야의 프로그램을 추가해야만 합니다. 이렇게 요구되는 그 많은 과목을 어떻게 조화 있게 배정할 것입니까? 어떻게 제한된 기간 안에 적절하게 교육할 것입니까? 이 문제는 신학교의 학제, 곧 신학교육의 수학 연한 문제 그리고 커리큘럼의 구성 문제와 직결됩니다.

(3) 학제 문제입니다.

한국의 신학 제도는 성경학교 과정에서부터 신대원의 3년 과정까지 너무 다양합니다. 어디에서 신학교육을 받았는가에 따라 목사의 자질에도 하늘과 땅만큼의 차이가 있습니다. 정규 신학대학들은 70년대 말까지만 해도 대학 중심이었지만 80년부터 신학대학원을 인가받아서 6년에서 7년으로 신학교육이 연장되었습니다. 이 과정에서 총신대학, 한신대학, 고신대학은 신학대학에서 일반대학으로 개편되어 이로 인한 후유증을 많이 앓고 있습니다. 이들 학교에서 신학과는 많은 일반 학과 중의 하나입니다. 신학은 왕좌의 자리를 빼앗겼습니다. 그러나 반면 폭넓은 교양과목과 대학 문화와 접촉하는 유익도 있습니다. 이것은 신학이 대학에 속하는 독일식 모델입니다.

그러나 6년에서 7년의 신학교육이 한계에 도달하지 않을 수 없는 이유가 남아있습니다. 대학과 신학대학원 간에 연계 커리큘럼이 없는 것입니다. 동일 교수 밑에서 지루한 반복이 불가피하여 신선미가 없으며 커리큘럼이 중복됩니다. 신학교육은 더 이상 대학과정으로 국한할 것이 아닙니다. 신학대학원 중심으로의 전환이 불가피합니다. 미국과 같이 단설대학원으로 법령이 개정되어야 합니다. 이 말은 지금까지 대학 학부 수준에서 진행해 오던 목회자 양성 프로그램이 대학원 수준으로 옮겨져야 한다는 것입니다. 일찍이 미국에서는 신학교육의 기초를 대학 졸업 후 3년 과정의 신학석사(Master of Divinity) 과정에 두고 있습니다. 유럽 여러 나라의 신학대학에서도 학사학위를 가진 자 중에서 2년 정도 특별 교육을 받으면 교역에 임하게 하고 있습니다. 우리나라에서도 이미 상당수의 교단이 목사 안수의 기본 교육을 신학대학원 졸업으로 하는 실정은 이에 대한 타당성을 뒷받침하고 있습니다. 단설대학원이 일반대학 졸업자를 받으면 3년 과정은 충분하지 않습니다. 결국, 이들에게는 수업 기간을 4년으로 연장해야 합니다. 이것은 결국 서구의 의사나 법관과 같이 대학 후의 전문인 훈련 과정이 되는 것을 의미합니다.

(4) 커리큘럼의 문제입니다.

"신학대학의 커리큘럼이 교회에 적합합니까?" 이러한 문제를 제기하지 않을 수 없는 현실입니다. 이미 신학교육과 목회현장 사이에 어떤 간격이 있기 때문입니다. 신학은 단지 소수 지식인의 학문적 성취나 이론 투쟁의 장(場)이 아닙니다. 목회현장이 필요로 하는 실제적, 논리적, 신학적 자료를 제공하는 생산의 장이 되어야 함은 주지의 사실입니다. 그러나 스콜라주의와 계몽주의 시대로부터 일기 시작한 이성주의는 신학을 지나치게 이론화했습니다. 그 결과 어떤 신학은 목회현장과는 아무 상관 없는 사변적 이론으로 전락해 버렸습니다.

보수주의 신학교들은 성경에 집착하여 성경 고전어, 성경 비평론에 막대한 시간을 허비하고 있습니다. 진보주의 신학교는 목회자 양성이 우선이 아닙니다. 사회 비평가와 행동가를 만드는 데 있습니다. 이것 역시 시정되어야 합니다. 신학교육은 말씀과 상황의 상관성을 중시해야 합니다. 이론과 실천의 통합이 추구되어야 합니다. 학생 스스로가 생각하며 판단하여 실천하는 능력을 길러 주는 교육이 되어야 합니다. 신학을 가르치는 자는 신학이 체험적 시기의 한계를 떠나서 사변의 꽃을 피우도록 허용해서는 안 됩니다. 동시에 신학이 성경에 닻을 내리도록 함으로써 유사 학문으로 표류하지 않도록 해야 할 것입니다. 그뿐만 아니라 목회와 동떨어지지 않고 교회와 목회가 필요로 하는 학문을 제공하는 것이 신학의 주요 목표임을 재인식해야 할 것입니다.

신학교육이 목적에 합당한 교육이 되려면 현행 신학교 교과과정의 개혁이 있어야 합니다. 다루는 교육과목의 변화도 중요하고 내용 자체의 변화가 있어야 합니다. 정일웅 교수는 "문제는 신학이 실천 지향적이지 못한 데 있다. 실천신학을 강화해야 한다는 말이 아니라 신학교에서 다루어지는 모든 학문이 실천 지향적이어야 한다는 것이다. 성경 신학을 하든 조직신학을 하든 교회사를 하든, 심지어 실천신학을 하더라도 학문을 대하는 근본 자세가 이론 지향에서 실천적 성향으로 바뀌어야 한다는 것이다."라고 합니다. 김상복 교수도 "오늘날 목회자 양성과정의 가장 근본적인 문제는 신학교가 목회자를 배출하는 곳이 되려고 몸부림치기보다는 대학 모델을 따라가는 것, 즉 학문 연구 기관화되어 가는 것이라"고 지적합니다.[6] 현재 신학교에서의 교육은 신학이라는 학문을 이수하는 것이 목적이 아닙니다. 목회자들을 양성하는 것이 목적임을 결코 잊어서는 안 됩니다. 물론 신학대학원 자체가 신학의 기초 과정이기 때문에 신학의 이론적 기초 다지기에 치우치는 현상을 어찌할 수는 없다 하더라도 실천 지향적 학문의 태도는 특히 신학교육에서 눈여겨보아야 할 대목입니다.

---

6 박삼열, "목회자 양성과정, 그 현실과 대안을 추적한다," 『목회와 신학』, 제105호 (1997. 4): 183.

(5) 신학 교수의 역할 문제입니다.

목회자 양성과정의 갱신은 어떤 학생을 뽑느냐와 함께 어떤 교수 요원이 확보되느냐의 문제도 결정적으로 중요한 사안입니다. 그동안 단설대학원 설립과 평가 작업을 추진해 나가는 데 있어 정부 측과 많은 역할을 했던 박준서 교수는 "신학교 현장에 나가 본 결과 한마디로 교수진이 너무 약하다는 느낌을 지울 수가 없었다."라고 했습니다. 그는 또한 교수의 질이 어느 정도는 확보돼야 하고, 더 나아가 교육부의 규정보다 더 높은 기준을 정해 신학교 교수요원들이 확보되는 일이 시급한 과제임을 강조합니다.[7]

어떤 신학교에서는 교수 채용의 조건으로 목회 경력을 필수적으로 요구하고 있는데 이는 바람직한 기준이라고 생각됩니다. 그러나 목회의 경험도 중요하지만, 더 중요한 것은 신학 교수의 사명 의식입니다. 신학 교수의 정체성은 신학이란 학문을 전공하는 신학자를 양성하는 것이 아닙니다. 먼저 목회자들을 양성하는 자로 이해해야 합니다. 신학 교수가 신학자가 될 필요가 없다는 것이 아니라 그 역할에서 목회자를 양육하는 것이 우선되어야 한다는 것입니다.

바울은 최고의 신학자로 디모데라는 목회자를 키워서 그가 교회 내에 충성스러운 사람들을 가르쳐 평신도 사역이 지속하기를 원했습니다. 이것이 신학 교수의 사명이요 역할입니다. 오늘 한

---

7 위의 책.

국 교회의 수원지는 신학교입니다. 지금 우리에게 필요한 것은 학문적인 면에 있어서 탁월한 교수가 아니라 목회자들을 양성하려는 열정을 가진 교수들이 아닌가 합니다.

(6) 열악한 신학교육 현장입니다.

한국 신학교육의 제일 중대한 위기는 신학생의 다량 저질 생산입니다. 너무 무절제하게 난립하는 신학교의 문제입니다.[8]

1960년 한국의 신학교는 20개에 불과했지만, 일부 사람들은 신학생의 대량생산이라고 탄식합니다. 1965년 TEF(Theological Education Fund, 신학 교육 기금)은 아세아, 남미, 아프리카의 신학교육 연구 보고서에서 한국과 대만과 일본의 신학생 과잉을 지적합니다.

우선 신학교의 숫자를 보겠습니다. 1991년 한국에는 인가받은 학교가 50개교요, 무인가 신학교가 270여 개나 됩니다. 해마다 신학교에서 배출되는 신학생의 수는 무려 6,500명이나 됩니다. 그 가운데 학력 인정 학교에서 배출되는 졸업생은 불과 1,500명 가량입니다.[9] 크리스챤 라이프 97년 판「한국교회 주소록」(pp. 143-162)을 기준으로 볼 때 이 땅에 있는 신학교들이 줄잡아 150개입니다. 혹자는 300개가 넘는다고 봅니다. 반면 전국 신

---

8 전호진, "한국 신학교육의 진단과 처방,"「목회와 신학」, 90-91.
9 1991. 3. 25에 충현교회에서 있었던 "21세기를 향한 신학교육과 교회"에 관한 심포지엄에서 총신대 박영희 학장의 발표, 1991. 2. 17.「복음 신보」참조.

학대학 협의회의 「한국 신학교육 자료집」에는 건전한 교단에 소속돼 있고 교육부의 정식 인가를 얻은 신학교는 30개에도 못 미칩니다.[10] 이들 통계를 보면 목회자 후보생의 수가 상당하다는 것을 알 수 있습니다. 물론 숫자만 가지고 문제가 있다고 말할 수는 없습니다. 13억의 중국, 통일과 북한 선교, 10/40 창문의 미전도 종족, 모슬렘 권 선교 등을 생각한다면 지금 신학생 수의 열 배라도 부족할 것이기 때문입니다.

그러나 현실은 그렇지 못합니다. 대학 평가에 흔히 적용되는 교수:학생 비율만 생각하더라도 목회자 양성 과정의 심각성은 금방 드러납니다. 각 신학대학원의 전임 교수는 20~30명 선입니다. 그러나 학생 수는 신학대학원 별로 심한 편차를 보입니다. 총신 신대원의 경우는 전체 학생 수가 2411명으로 교수 1인당 학생 비율이 109.59명입니다. 학생 수가 비교적 적은 감신 신대원도 교수 1인당 학생 비율이 22명 선으로 집중적인 대학원 교육은 어려운 형편입니다. 한편 이번 단설대학원 인가 과정에서 교수 대 학생 비율이 1:12.5인 것으로 평가를 받은 합동 신학대학원 대학(총장 정창균)은 모델케이스이기도 합니다.

학생 1인당 도서 비율도 총신 신대원의 경우 단행본이 16권, 장신 신대원이 55권으로 상당히 열악한 형편입니다. 서울대의 경우 도서 수가 100만 권에 이른다는 사실을 볼 때 신학대학원의 도서 보유 수가 얼마나 열악한가를 짐작해 볼 수 있습니다. 각

---

10 박삼열, "목회자 양성과정, 그 현실과 대안을 추적한다," 『목회와 신학』,
    179.

신학대학원 현황은 〈표 24〉와 같습니다.

한편 95. 7. 1~ 96. 4. 25일까지 전국 170여 개 신학교를 직접 방문해 조사했던 전국 신학대학 협의회(KAATS)에 따르면 강의실 수량 5개 미만인 학교가 69%였고, 도서관 없는 학교가 52%입니다. 도서관이 있다 하여도 장서 보유가 2만 권을 넘지 못하는 경우가 많았습니다. 또 66%가 기숙사가 없으며, 대부분 강당이나 운동장 등의 복지시설을 전혀 갖추지 못했고, 교수진도 제대로 갖추어지지 않았으며, 외국 신학교들과의 관련이 거의 없거나 실질적인 교류가 없는 것으로 나타났습니다. 학생 수의 증감은 신학교 운영의 중요한 변수이지만 학교 운영을 위해 학생 수를 많이 늘린다는 것은 많은 문제점을 가져오는 것이 현실입니다.

(7) 신학교육의 전문성 결여입니다.

최근에 목회현장은 전문가를 요청하고 있습니다. 그러나 신학교육은 각 분야의 전문가를 양성하는 면에서 생각조차 할 수 없는 형편입니다. 높은 뜻 숭의교회의 김동호 목사는 "우리나라 신학교는 그 규모로나 실력으로 세계적인 신학교가 되었음에도 당회장 학과외에는 없다고 하였다. 모두가 다 담임목사 즉 당회장이 되려고 할 뿐 교육 전문목사, 선교 전문목사, 사회 전문목사가 되려는 사람은 없다는 것이다. 신학교는 지금 부전공으로 학점을 취득하게 하는 교육이나 선교를 부전공으로 하지 말고 전공으로 하여 교육 전문목사, 선교 전문목사, 사회 전문목사와 같은 전문인을 배출해야 한다."라고 제언합니다.[11]

전국 신학대학 협의회에 속한 연구 기관인 '한국 신학교육 연구원'에서 발표한 논문 "한국 신학교육의 실태와 발전방안"에서 (1991. 2. 25-3. 20까지 전국의 목회자, 신학생, 교수 등 총 320명을 대상으로 한 설문지법) '신학생의 교육과정 만족도와 전공교육 정도'를 질문합니다. 그 대답의 결과는 다음 〈표 25〉와 같습니다.

전체적인 교육과정에 대한 만족도는 2.63(5점 척도 기준)으로 '보통'(보통의 기준을 3등급으로 한 척도) 이하로 나타났습니다. 또한 "현재 전공 분야에 대한 교육을 어느 정도 받고 있다고 생각하는가?"라는 질문에 대해 전체적으로 그 정도가 2.56으로 나타나 전공교육이 부족하다는 반응을 보입니다.

1993. 11-12월 사이에 장신대 신대원 원우회와 기독교 기획조사 연구소 미션 리서치가 협력하여 조사, 분석한 결과입니다. 장신대 교육에 대한 평가에서 가장 두드러진 두 가지의 특징은 개혁신학의 강조와 특색이 없음입니다. 장신대의 교육과정이 목회자, 전도자, 교육자, 사회 지도자, 기독교 문화 창달자로서의 전문인을 만들기 위해서는 부적절한 것이 아니냐는 비판입니다. 이러한 비판은 비단 장신뿐만 아니라 위의 조사결과 분석에서 보듯이 다른 신학교에서도 나올 만한 비판입니다.

---

11 김동호, "교육목회를 위한 새 전망," 『교육교회』, 제204호 (1993. 6): 45.

현장성과 전문성의 강화는 필수과목을 줄이고 선택을 늘리되 3년이라는 신대원의 여러 가지 여건의 틀에서만 이루어지기는 힘들다는 결론 아래 총회, 노회 그리고 각 신학교와 연구 기관의 유기적인 협력체제가 필요함을 절감하게 됩니다.

이상에서 한국 교회 신학 교육의 문제점을 생각했습니다. 신학 교육의 문제와 딜레마는 아직도 해결되지 않은 채 우리 앞에 남아 있습니다. 지금의 시점은 기존의 신학교들이 근본적인 변화를 생각해 보아야 할 때입니다. 물론 이를 현실화하는 데는 재정적 필요, 인간관계로 인한 갈등, 원리적인 것으로부터 많은 양보가 있어야 할 것입니다.

21세기의 한국 교회를 바라보면서 낡은 옷에 생베 조각을 붙이는 오류를 범해서는 안 될 것입니다. 전통적인 신학 교육의 교육과정이 유지되면서도 한편 잠에서 깨어나 새로운 변화에 적응할 필요성이 있습니다.

<표 24> 각 신학대학원 현황[12]

구분	과정	교수 수	학생 수	도서관 현황	학점 관리
총신 신대원	석사, 박사, 연구, 목연, 편목과정	전임 22명	2,411명(석사 489, 박사 14, 연구 814, 목연 1,094)	좌석 1,150석. 보유 도서 : 단행본 30,584권, 참고도서 학위논문 8,136)	필수 75, 선택 16, 예필 9
장신대 신대원	석사, 박사, 목연과정	전임 35명	1575명(신대원 1,176, 대학원 233, 선교대학원 37, 교역대학원 66, 교육대학원 22, 교 회음악대학원 41)	좌석 822석, 보유도서:단행본 87,327권, 비도서자료(CD등) 99종	필수 65, 선 택 26, 부전 공 26
감신대 신대원	석사, 박사	전임 22명	240명	좌석 360석, 보유도서 57,000권	기초 64, 교회실습 2, 세미나 24, 논문 7
합동 신대원 대학	석사	전임 11명	221명(신대원, 대학원, 박사과정)	보유도서 43,000권	필수 70, 선택 18
침신대 신대원	석사, 박사	전임 30명		좌석 640석, 보유도서 95,000권	필수 71

<표 25> 신학생의 교육과정 만족도와 전공교육 정도

구분	교육과정 만족도(평균)	전공교육 정도(평균)
감신	2.68	2.44
서울신	2.13	2.30
장신	2.79	2.90
총신	2.32	2.43
총신	2.52	2.20
한신	3.31	3.08

---

12 우형건 외 6명, "한국교회 성장을 생각한다: 신학교육 좌표 찾기," 『기독신
문』 1997. 11. 26.

B. 교육(목)사 양성을 위한 교육과정 분석

본 저서는 이미 II 장에서 밝힌 대로 한국 교회에 필연적인 교육목회를 담당할 교육전문가 양성에 초점을 맞추어 왔습니다. 교육사 양성을 위한 대안적 모색의 기초 자료를 삼기 위하여 한국의 신학대학과 신학대학원 가운데 일부만(감신, 서울신, 장신, 침신, 한신)을 선택합니다. 그곳에서 제공되고 있는 신학교육의 현황을 교육전문가 양성 차원에서 조사, 분석, 평가합니다. 분석 내용을 토대로 더욱 발전적인 교육(목)사 양성을 위한 교육과정을 제안하는 데 있습니다.

1. 분석의 한계

구체적으로 우리나라 신학교육이 어떻게 진행되고 있는가를 심층 분석해야 합니다. 그리하지 않으면 그에 대한 처방도 나오기 힘들 것입니다. 안타까운 것은 여러 여건의 미비로 모든 신학대학(원)들의 커리큘럼과 교육의 실태를 모두 심층적으로 분석하는 일을 해내지 못한 것입니다. 각 신학대학(원)의 교수진이 각 과목의 강의에서 얼마만큼 교육적 관점을 가지고 진행하는지를 구체적으로 살피지 아니하고 각 대학의 교육과정을 평가하는 것은 실로 위험하기 짝이 없습니다. 커리큘럼의 분석이 몇몇 신학대학을 대상으로 하므로 단정적이고 피상적인 가치판단에 그치지 않을까 염려하면서도 지금까지 언급한 교육 전문가로서의 교육(목)사, 교육목회의 관점이 얼마나 신학대학(원) 커리큘럼에 수용되고 있는가를 살펴보기 위해 서론에서 제시한 다섯 개의 신학대학원 교육과정을 분석해 보고자 합니다.

2. 교육과정 분석

교육과정은 한 교육기관의 교육목표와 밀접한 관계를 맺고 있습니다. 적어도 그 교육기관의 고유한 설립 취지, 이념, 목표를 그 교육기관에 속한 공동체의 일원들이 성취해 나아갈 수 있도록 해야 합니다. 교육과정은 도구적이면서도 그 의미가 풍성하게 설계된 학습경험의 형태가 되어야 합니다. 교육과정의 분석과 평가는 교육목표를 위해 설정된 교과목의 정당성 여부와 긴밀한 관계를 맺고 있습니다.

a. 신학대학의 설립목적

각 신학대학의 설립목적을 요약하면 아래와 같습니다.

○ 감신대학 : "교육법 제108조에 규정된 대학 교육의 목적을 일층 심오하게 추구하는 동시에 기독교 정신에 따라 전문적 신학과 선교를 위한 현대적 이론과 방법을 철저히 교수 연구하며, 지도적 인격과 독창적 능력을 함양하여 국가와 교계에 이바지할 인재양성에 이바지함을 목적으로 한다."

○ 서울신학대학 : "본 대학은 서울신학대학 학칙 제3조에 근

거하고 대한민국 교육법과 기독교 대한 성결교회의 교리에 따라 신학 전반에 걸친 연구와 목회자로서의 충분한 자질을 함양케 함을 그 목적으로 한다."

○ 장신대학 : "본 대학은 기독교 정신과 민주교육의 근본이념에 따라 대한 예수교 장로회 산하에서 장로교 신조와 헌법에 기준으로 교육을 하여 국가, 사회 및 교회에 봉사할 지도자와 교역자 양성을 목적으로 한다."

○ 침신대학 : "본 대학은 교육법 제1조와 제108조에 따라 기독교 신앙의 이론과 실제를 교수, 연구하여 기독교 지도자로서의 인격을 함양하고, 독창적 능력을 개발하여 침례교회 목회자의 기독교 사업에 공헌할 자를 양성하는 데 그 목적을 둔다."

○ 한신대학 : "본 대학은 기독교 정신과 대한민국의 교육이념을 바탕으로 진리를 탐구하고 학술이론을 교수하며 교회와 국가 및 인류사회에 봉사할 인재 양성을 목적으로 한다."

이상에서 검토한 각 신학대학의 설립목적은 크게 다음의 두 가지로 구분해 볼 수 있습니다. 첫째로, 국가와 교단의 교육목표를 존중한다는 사실과 둘째로, 교단 지도자와 사회에 이바지할 일꾼 양성에 있습니다. 본 저자는 신학 교육기관의 근본적 이상은 교역자 양성이며 사회 지도자 양성은 부가적이라고 생각합니다.

b. 이수학점· 교과목 분석

이수학점을 분석하려고 합니다. 이 규정을 분석하는 이유는 각

각의 커리큘럼이 특별한 목회 분야에 대한 관심을 가진 학생들에게 선택과목을 택할 수 있도록 얼마나 많은 자유를 주는지를 평가하기 위함입니다. 각 신학대학원의 이수학점을 분석 비교하면 아래의 〈표 26〉과 같습니다.

〈표 26〉 신학대학원 이수학점 비교

구분	감신	서울신	장신	침신	한신
기초필수과목	50	62	30	-	50
전공과목	18	12	37	70	24
선택과목	15	15	33이상	26	18
논문	7	6	(6)	4	
계	90	95	100이상	100	92

각 신학대학원별로 분야별 필수·전공 취득표를 제시하면 아래의 〈표 27〉과 같습니다. 교과목의 분석에 있어서 교육(목)사 양성 또는 교육적 목회의 관점에서의 분석을 시도합니다.

〈표 27〉 신학대학원 분야별 필수·전공 취득표

구분	감신		서울신	장신	침신	한신
	Th.M	M.Div				
구약신학	전공 18 부전공 6	신학기초 75 세미나 16	12	10(4)	12	22
신약신학				10(4)	12	33
조직신학			12	13	10	18
역사신학			9	10	8	12
실천신학			11	16	15	18
기타	선택 9 논문 7	논문 7	선교 6 전공 15	윤리 4	윤리 3 제자 2 교육 6 음악 2	윤리 12 교육 12 교역 15 교양 11
계	40	98	65	71(61)	70	152

○ 감신대학 신대원의 경우 대학부와의 연계 커리큘럼에 의하여 진행되는 2년 과정(Th. M)과 일반대학 출신의 3년 과정(M. Div)으로 분리 운영되고 있습니다. 2년 과정에서는 2년 동안 40학점을 이수해야 하는데 이 가운데는 전공 6과목 18학점, 부전공 6학점, 자유 선택 9학점, 논문 7학점입니다. 전공은 구약, 신약, 조직, 역사, 윤리와 사회, 실천, 기독교 교육 등입니다. 이 과정은 한 학기 평균 24과목 정도가 개설되며 세미나 형식으로 진행이 됩니다. 이 과정은 학부에서 신학 기초이론을 이미 습득한 것으로 보고 신학의 더 깊은 차원의 이론과 내용을 다룹니다. 그러므로 전문적인 신학자와 전문교육을 받은 교역자를 양성하는데 주력합니다.

3년 과정은 모두 98학점을 이수해야 합니다. 2년 동안은 신학 기초과목을 75학점 필수로 이수해야 합니다. 3년 차는 신학대학원 2년 과정의 세미나를 듣고 논문을 쓰게 되어 있습니다. 2년 동안의 필수과목에는 기독교 교육개론, 교육 목회의 이론과 실제가 포함됩니다.

○ 서울 신학대학원의 경우 조직신학 분야에 종교철학과 기독교 윤리를 포함하고 있으며 실천신학 분야에 기독교 교육(개론)을 포함했습니다. 목회 실습은 졸업 학점 외에 3학기 필수로 규정해 놓고 있습니다.

○ 장신 신대원의 경우 교육과정의 특징은 정체성과 개방성입니다. 교회의 신앙고백과 전통을 중시하되 다른 사고, 다른 관점, 다른 접근방법에 대해서도 귀를 기울이며 이에 응답할 수 있어

야 한다는 것입니다. 정체성을 중시하면서 현장성과 현실을 소홀히 하지 않았음을 드러내 보여주는 것이 바로 각 신학 분야의 세분화와 다양한 교과목의 선택 가능성 제공입니다. 기독교 윤리학, 기독교 교육학 등 실천적 성격이 강한 분야들이 독자적인 신학 분야로서 그 영역을 확보하고 있습니다. 다양한 선택과목을 개설하고 있습니다. 분야별로 평균 20개 이상씩 개설합니다. 또한, 선교사, 음악목사, 교육 목사 등 부전공 제도를 두어 특수교역을 지망하는 자들의 기초 전문교육의 가능성을 제공하고 있습니다. 그런데도 현장성의 결여와 전문성의 결여라는 지적을 피하지 못하고 있습니다.

○ 침신 신대원은 다른 분야의 학점이 상대적으로 적게 배분됩니다. 반면 기독교 교육개론 6학점, 제자훈련 개론 2학점, 교회음악 2학점 등 신학 외의 과목이 배정되었습니다. 실습(개인전도, 기관목회)이 매 학기 1학점씩 6학점이 배정된 것이 특징이라 하겠습니다.

○ 한신대학 신대원은 6년 커리큘럼입니다. 신대원 2년 과정 중 42학점을 이수해야 합니다. 전공과목에서 12학점, 인접 과목에서 6학점을 이수해야 합니다. 기타 다섯 분야에서 1과목씩 필수로 선택하여 15학점을 이수해야 합니다. 이와는 별도로 교역과목에서 최소 9학점을 취득해야 합니다. 매 학기 목회실습을 이수해야 합니다. 학부과정에서 전공필수 과목으로 기독교 교육개론과 매 학기 목회실습을 해야 합니다. 신대원 과정에서는 기독교 교육의 새 모델, 민중교육과 공동체 육성, 교육목회, 교육과

신학이 개설됩니다.

c. 기독교 교육 과목의 분석

기독교 교육과 관련된 과목은 고용수 교수의 연구 영역[13]을 따르는데 크게 세 가지로 구분합니다. ① 교육의 기초론 ② 교육현장론 ③ 교육의 과정론으로 분석합니다. 이 분석의 틀을 중심으로 각 신학대학원의 교과목을 분석하면 〈표 28〉과 같습니다.

(1) 기초론적 측면

한국 신학 교육의 기독교 교육 과목의 특징은 보수적 성향의 신학교일수록 신학적, 역사적 그리고 철학적 기초를 중시한 데 비해 진보적 성향의 신학교일수록 심리학적 기초와 사회학적 기초에 강조점이 두어진다는 것을 볼 수 있습니다. 그러나 전체적으로 볼 때 신학적 기초에 초점이 모여 있고 사회학적 기초는 약화하여 있음을 볼 수 있습니다. 또한, 기독교 교육 그 자체의 이론에 대한 강조가 약하다는 점을 들 수 있습니다.

---

13 고용수, "2,000년대를 향한 장신대 신학교육의 방향(기독교 교육학적 측면)," 『신학과 교육』(서울: 장신대 출판부, 1992), 223.

(2) 현장론적 측면

〈표 28〉에서 본 한국 신학교의 기독교 교육 교과 내용은 보수적인 신학교일수록 교회를 교육의 장으로 여긴 데 비해 진보적 신학교일수록 보다 폭넓은 사회로 나아가고 있음을 볼 수 있습니다. 그러나 대체로 교회를 그 교육의 장으로 여기고 있다는 특징을 가진다고 할 수 있습니다.

(3) 과정론적 측면

〈표 28〉에서 살펴본 한국 신학교육의 과정론은 교육과정과 교육방법이 그 주가 되어 있다고 할 수 있습니다. 그러나 교육방법의 이론이나 교육과정의 이론의 약점이 보이며, 특히 교육행정이 보강되어야 합니다. 더 나아가서 집단역학, 예배교육과 같은 공동체 내의 교육의 과정적 측면에 약점이 보입니다. 또한 공동체 밖에서의 교육과정에 대한 실제 교육이 실시되고 있지 못한 점이 지적될 수 있습니다.

〈표 28〉 신학대학원 기독교 교육 연관과목 분석

신대원	과목영역	세부과목
감신	기초론	기독교 교육개론, 교육신학, 기독교 교육사, 연령층 연구, 인간성장과 교육, 신앙교육론, 발달심리학, 교육사상사, 가치관교육, 인간화교육, 과정신학과 기독교 교육, 영성훈련과 교육, 교육사회학.
	현장론	교육목회론, 현장론, 학원목회, 사회교육, 기독교 가정교육론, 기독교 교육과 현대미디어.
	과정론	교수학습론, 커리큘럼 작성원리의 실제, 교육과 예배, 기독교 교육방법, 새 모델 창조, 인간관계론, 교사론.
서울신	기초론	기독교 교육개론, 기독교 교육사, 교육심리학, 교육신학, 인간발달론, 기독교 교육 세미나.
	현장론	커뮤니케이션, 교회와 가정, 아동교육론, 청소년 교육론, 장년교육론.
	과정론	성서교수법, 기독교 교육방법, 기독교 교육과정, 기독교 교육행정, 교회학교 관리법, 교회학교 교사론, 시청각교육론, 인간관계론, 특수지도, 그룹 다이나믹스, 기독교 교육교재론.
장신	기초론	기독교 교육개론, 성장발달론, 기독교 교육사상사, 교육목회, 종교심리학, 교육신학, 기독교 교육 세미나.
	현장론	유아교육, 아동교육, 청소년교육, 성인교육, 가정교육, 교회교육, 선교교육.
	과정론	기독교 교육방법, 기독교 교육과정, 기독교 교육의 실습, 특수실습, 시청각교육, 성서교육방법, 인간관계훈련, 그룹 다이나믹스, 예배와 교육.
침신	기초론	기독교 교육개론, 기독교 교육특강, 유대교와 기독교교육사, 종교심리학, 상담이론, 상담기술,
	현장론	제자훈련 개론, 목회실습, 교회교육 행정론, 아동 종교교육, 가정생활교육, 청소년 종교교육, 성인 종교교육, 노인 사역론,
	과정론	교수원리와 실제, 개인양육 사역과 교회성장
한신	기초론	기독교 교육개론, 기독교 교육사, 인간발달과 교육, 교육신학, 사회철학적 교육학 방법론, 사회교육개론, 사회교육 방법론, 산업교육론.
	현장론	기독교 어린이교육, 기독교 청소년교육, 선교교육, 기독교 평화교육, 제3세계와 기독교 교육, 기독교 민중교육.
	과정론	기독교 교육과 예배, 기독교 교육의 과정과 방법, 교과목 구성원리, 기독교 교육행정, 기독교 영성훈련.

C. 교육(목)사 양성을 위한 교육과정의 방향

교육사의 역할 및 기능과 위의 분석에 기초하여 교육(목)사 양성을 위한 교육과정을 제안해 보면 다음과 같습니다.

1. 학제 문제

이미 상당수의 교단이 시행하고 있듯이 목회자 양성을 목적으로 하는 신학교육은 대학원 수준으로 격을 높여야 합니다. 이 말은 지금까지의 학부 수준에서 하여 오던 목회자 양성 프로그램을 대학원 수준으로 옮겨야 한다는 것입니다.

그러면 학제 문제를 어떻게 조정할 것입니까? 학부의 신학 과정(Th. B)은 다량의 전도요원과 일반사회의 현장에서 일할 기독 일꾼들을 양성하면서 신학대학원에서 필수로 이수하여야 할 신학 과목의 3분의 1정도를 이수하게 하는 7년제 커리큘럼을 운영해야 합니다. 일반대학 졸업자는 학부 3학년부터 공부를 시작하여 5년 과정을 공부해야 합니다. 목회자로서 지적·영적 준비 기간으로 마련된 현재의 신학대학원 3년 기간은 사실상 짧기 때문입니다. 뒤에 언급할 교육(목)사 양성을 위한 교육과정의 제시는 이러한 학제를 염두에 두고 있음을 밝혀 둡니다.

2. 교육(목)사 양성을 위한 다양한 교육과정 제언

a. 교육(목)사 양성을 위한 제언

(1) 한국 교회 연구소 제안

신학교와 교단과 선교단체(연구소)와의 깊은 유대관계를 지녀야 합니다. 교단에서 보고되는 모든 자료에 근거하여 졸업생에 대한 자질과 숫자를 검토해야 하고 또 교육과정에 대한 효율성을 연구해야 합니다. 다시 말하면 졸업생들이 나가 일할 현장의 면밀한 연구와 이에 대한 효과적인 프로그램의 운영이 필요합니다. 현장을 떠난 반복교육은 무의미합니다. 현직 목회자들의 사례와 보고에 비추어 신학교의 교육과정을 다시 조정해야 하며, 미래를 예측하고 이에 대응하는 역동적인 커리큘럼으로 대처해야 합니다.

김의원 교수는 이런 일을 하려면 신학교에 '한국교회(현장) 연구소'를 두어 변화해 가는 교회를 자세히 연구하여야 한다고 제안합니다.[14] 이 연구소는 이론만의 학문이 아닌 실제의 전도훈련, 성경공부 인도, 교회학교 운영, 대화법, 상담 실제, 리더십, 커뮤니케이션 등을 개발하여 신학 과정을 마치고 나가면 곧 현장에서 일할 수 있도록 무장을 시켜야 합니다.

---

14 김의원, "신학교는 교단신학을 이끌 선구자다," 『목회와 신학』, 제26호 (1991. 9): 66.

(2) 인턴십의 커리큘럼화

인턴십(Internship)이란 기술과 기능에 관한 자격 취득을 목적으로 일정한 교육을 마친 뒤 정규 자격을 취득하기 전에 받는 실제훈련 또는 그와 같은 직무로 정의될 수 있습니다.[15] 신학교육과 관계하여 인턴십이란 목회자로서 필요로 하는 기술 및 기능에 숙달함으로써 목회자의 자질과 자격을 갖추기 위해 거치게 되는 실제 훈련이라 할 수 있습니다. 이론과 실제의 병행에 있어서 인턴십 제도는 반드시 있어야 할 필수 과정입니다. 그러나 한국의 신학교육 과정에는 이 과정이 빠져 있습니다. 인턴십 제도 그 자체가 신학교육 과정 안이나 목사 안수 이전에 필수적으로 삽입함으로써 목회현장과 신학교육의 연결 고리를 마련해야 합니다.

신학교 2~3학년 과정에 목회 수련제도를 도입하여 현재 음성적으로 일하고 있는 교육 전도사 제도를 양성화하고 졸업 후에는 목회 실습과정 2년을 노회 관리 아래 강도사, 목사 안수를 받을 때까지 신학교 교수와 목회자들이 연합하여 책임지고 운영하는 목회 실습과정을 전반적으로 커리큘럼화해야 할 필요가 있습니다.

장신 신대원에서는 현장성과 전문성의 강화가 현재의 신학대학원 3년의 여러 가지 여건 틀 안에서만 이루어지기 힘들다는 결론을 내렸습니다. 졸업 후 1~2년간 총회, 각 노회, 각 신학교가 유기적인 협력체제 아래 수련제도를 개발, 확립시켜 가야 할 것

---

15 박영철, "한국교회 인턴십 제도와 개선 방향," 『목회와 신학』, 제55호 (1994. 2): 95.

으로 총회에서 원칙적 결정이 내려진 상태입니다. 계속 연구 중인데 바람직한 시도로 보입니다.

신학교육에 인턴십을 제도화하고 효율성 있게 운영하기 위해서는 두 가지가 개선되어야 합니다. 첫째, 인턴십 제도의 필요성에 대한 인식과 아울러 의식적 제도화가 이루어져야 합니다. 기존의 교육 전도사 제도를 단계화하여 신학교에서 이론 교육을 마친 뒤 개 교회에서 1~2년 동안 인턴과정을 마친 뒤에 전도사 임명을 할 수 있습니다. 둘째, 인턴십을 위한 효과적 감독방법에 관한 연구와 계발이 지속해서 이루어져야 합니다. 이를 위하여 개 교회 목회자와 신학교육 담당자 간의 유기적인 연계가 이루어져야 합니다.

(3) 커리큘럼의 패러다임 변형

현재 신학대학원에서 가르치는 교과목은 다섯 가지로 분류합니다. 그 다섯 가지는 성경 신학, 조직신학, 역사신학, 실천신학 그리고 선교 신학입니다. 이러한 커리큘럼의 작성은 오랫동안 신학교육의 정통 커리큘럼으로 인식됐습니다. 그런데 문제는 이러한 커리큘럼이 대부분 사변적이요, 이론적인 연구에 치우쳐 있다는 것입니다. 그러나 신학교는 개인의 학문적 욕구를 성취하고 가르치는 곳이 아닙니다. 목회자를 양성하는 살아 있는 교육의 장이 되어야 합니다.

지금까지 대부분의 신학교에서 이론 신학을 많이 가르쳐 지식만 채우면 훌륭한 지도자가 되는 줄 알았습니다. 그러나 역사적 경험 때문에 이제 우리는 그것이 얼마나 편협한 생각인가를 알게 되었습니다. 전통과 함께 변화하는 시대에 대처할 수 있는 커리큘럼의 패러다임 변형이 있어야 합니다. 결국, 실천 목회에 적용할 수 있는 이론과 실제의 교육이 신학교에서 일어날 수 있도록 기존 커리큘럼에 대한 대폭 수정이 있어야 할 것입니다. 즉 이론 지향적인 교육에서 실천 지향적으로 방향 전환이 있어야 합니다.

목회자 양성에 대한 커다란 구도부터 재편되어야 한다는 주장도 있습니다. 독일에는 신학 과정을 마친 목회자 후보생에게 1년 6개월 정도 실천신학 분야 중심의 '설교자 학교(Prediger Seminar)'가 있다고 소개한 정일웅 교수는 "교회에서 목회 활동을 하는 목사가 되기까지는 크게 세 가지 단계를 거쳐야 하는데 '기본과정, 인턴십 과정, 목사 계속 교육과정'이다." 기본과정은 학위과정으로 신학대학(원)에서, 교회현장 목회자로서 전문성을 키우는 인턴과정은 교단과 지역교회에서 그리고 목사 안수 이후 학위와 관계없이 지속해서 전문성과 자질 향상을 위한 계속 교육과정은 교단이나 전문 단체에서 하도록 하는 방안입니다.[16]

(4) 다양한 학위과정, 다양한 교육과정의 개설

신학교는 여러 계층에게 맞는 학위 과정과 커리큘럼이 개발되어야 합니다. 세계 기독교 교육의 상징으로 불리는 PSCE(Pres-

---

16 박삼열, "목회자 양성과정, 그 현실과 대안을 추적한다,"『목회와 신학』, 184.

byterian School Christian Education, 장로교 기독교 교육대학원)는 교육 지도자를 위한 다양한 프로그램을 시행하고 있습니다. 가장 기초적이고 핵심적인 전문적 학위 과정으로 2년 동안 수학하는 문학 석사과정(M. A), 3년 동안에 기독교 교육학과 사회복지학을 복수 전공하는 복수전공 석사과정(M. A, M. S. W), 4년 동안 PSCE와 유니언신학교(UTS)에서 신학과 기독교 교육학을 복수 전공함으로 문학 석사와 목회학 석사(M. A, M. Div) 학위를 받을 수 있는 목회자 전공 과정으로 교회 일반 목회와 교육목회를 위한 통합된 지도자로 준비될 수 있습니다. 이미 기독교 교육학에서 석사학위를 가진 자들이 와서 기독교 교육 분야에서 특별한 분야를 전문화할 수 있는 교육 전문가 과정(Education Specialist)과 석사과정 후 2년 이상의 현장 경험을 가진 사람들이 연구하는 교육학 박사과정(Ed. D) 등입니다. 이 학교의 교수 방법은 살아 있는 학문을 위해 모든 커리큘럼은 교육으로 귀결되며 교육의 이론과 실제가 넘나들어 이론과 실제의 거리를 좁혀 줍니다.

한국 신학교육은 획일화된 신학교육을 하루 속히 탈피하여야 합니다. 전공과목은 물론 선택과목들도 다양하게 개설해 학생들에게 선택의 폭을 넓혀 주어야 합니다. 신학대학원 3년 동안에 고정되고 획일적인 현재의 커리큘럼에 대해 재고가 있어야 합니다. 한 신학교가 담당하기 어려운 면들이 있으므로 타 신학교와의 연계성을 확대하여 가능한 범위의 공동 강좌가 개설되게 해야 할 것입니다. 대부분의 한국 신학교들이 교단 신학교이기 때문에 한계가 있지만, 신학적 입장이 같은 신학교끼리 협력 관계를 갖추어 신학교육의 폭과 질을 높이고 다양화해야 합니다.

나아가서 신학교 네트워킹, 코올리션, 컨소시엄 같은 운용도 생각해야 할 때가 되었습니다. 미국에서는 이미 시작되었지만, 우리나라에서도 외국 학교들과 연계하여 시도해 볼 만한 제도입니다.

b. 교육(목)사 양성을 위한 기독교 교육 전공 교육과정 제안

오늘날 미국 계통에서는 기독교 교육학이 독립된 학과를 이루고 있습니다. 우리나라도 이와 유사한 형태를 보입니다. 오늘날 기독교 교육학은 전공 학과로서 대학에서 존재하고 있습니다. 동시에 신학 연구의 한 분야로 강의되고 있습니다. 하지만 아직도 신학과의 관계가 명확하지 않습니다. 기독교 교육학과의 빠른 독립은 기독교 교육 인구의 확대와 교회교육의 지도자 양성에는 많은 이바지를 했습니다. 반면에 문제점도 내포하고 있습니다. 그것은 기독교 교육학의 기초 학문인 신학을 소홀히 다루게 됩니다. 그뿐만 아니라 이론과 실천의 괴리를 가져왔습니다. 기독교 교육학이 신학을 떠날 때는 하나의 교수기술로 전락하고 말 것이기 때문에 저자는 기독교 교육학의 정규적인 교육과정은 신학의 연구 기간과 최소한 같아야 한다고 보며, 다음과 같은 교육과정을 제안합니다. 교육(목)사 양성을 위한 교육과정 방안으로 현재의 신학대학원 체제 하에서의 교육과정이 〈표 29〉이며, 이미 시행되고 있는 단설대학원 과정의 교육과정이 〈표 30〉입니다.

<표 29> 교육사 양성을 위한 신학대학원의 교육과정 개정안

분야	과목	학점		참고
구약학	구약개론 구약해석학	4 3		
	소계	7		
신약학	신약개론 신약해석학	4 3		
	소계	7		
조직 신학	조직신학 개론 비교종교학 현대신학 교회론 성령(구원)론	3 3 3 2 2		
	소계	13		
역사 신학	교회사 개론	3		
	소계	3		
실천 신학	목회학 개론 교회행정 예배학 설교학 목회실습(인턴십) 기독교 교육개론 선교학 교회음악	3 2 2 2 2 3 3 3		
	소계	20		
선 택	교육신학 교육목회 기독교교육사 기독교교육세미나 교육심리학 기독교 교육철학 영성훈련과 교육	아동교육 다문화청소년목회 성인(노년)교육 교회와가정 커뮤니케이션 임상목회교육	교육과정 및 방법 기독교 교육행정 기독교 교육상담 카테키즘 기독교 교육실습 교수-학습론 인간관계훈련
	소계	30		
계		80		

다양한 목회 현장을 개발하기 위해 교회음악, 행정, 상담 등의 특수 목회에 대한 과목을 별도로 선택하도록 합니다. 여기에서는 개설 가능한 기독교 교육 과목을 기초론, 현장론, 과정론으로 제시합니다.

<표 30> 교육(목)사 양성을 위한 단설대학원 교육과정안

구분	학기	과목	학점
1학년	1	구약개론 기독교 교육개론 기독교 교육사 교육신학 기독교 교육철학 아동을 위한 교육목회 실천신학 개론	3 2 2 2 2 2 3
		소계	16
	2	신약개론 기독교 교육 사상사 발달심리학(연령층 연구) 교육목회 교육행정 기독교 교육상담 다문화적 청소년 목회 교육 인턴십(1)	3 2 2 2 2 2 2 2
		소계	17
2학년	1	인간 관계론과 지도력(리더십) 교육과정과 교육방법론 가정과 교회교육 카테키즘 교육 가치관 교육 기독교 교육과 문화적 다원주의 교육 인턴십(2)	2 2 2 2 2 2 2
		소계	14
	2	기독교 교육 세미나 성인(노인 포함)을 위한 교육목회 임상목회 교육 교회학교 특별 프로그램 기독교 교육과 커뮤니케이션 교육 인턴십(3) 논문	3 2 2 2 2 2 5
		소계	18
		합계	65

VI.

결론과 제언

A. 요약

지금까지 본 저서는 한국 교회의 교육(목)사 제도를 고찰했습니다. 앞에서 논의한 내용을 요약하면 다음과 같습니다.

먼저 I 장에서 본 저서를 연구하게 된 배경, 연구의 목적과 의의를 다루었습니다. 교육(목)사 저서를 전개하기 위한 연구 질문을 작성합니다. 교육(목)사에 관한 선행 연구자들의 발표한 서적과 학술 논문들을 밝힙니다. 교육(목)사의 관심도를 살핍니다. 교육(목)사 저서를 진행함에 필요로 하는 용어의 정의를 기술합니다.

II 장에서 목회에 있어서 교육의 위치를 생각합니다. 목회는 교육과 밀접한 관계 속에 있습니다. 목회에 있어서 가르침의 직무 즉 교회의 교육적 사명은 큰 것입니다. 목사는 성도들을 보살피고 가르쳐서 보다 성숙한 하나님의 자녀로 성장시켜야 합니다. 그렇게 되기 위해서는 가르치는 자가 반드시 있어야 하고, 교육이라는 적극적인 수단과 과정이 필요합니다. 목회를 포함한 모든 교역의 과정은 기독교 교육의 관심사가 되어야 합니다. 목회와 교육, 교육과 목회는 분리적이거나 개별적이 아닌 유기적인 관계로 나아가야 합니다.

III 장에서는 교육(목)사 제도의 의미를 살펴봅니다. 1장에서 교육(목)사 제도의 성경적 근거를 찾습니다. 하나님께서 근원적 교사였고(사 30:20), 구약시대에는 율법을 가르치던 부모, 제사장, 현인들, 선지자들, 랍비들이 가르침의 직을 맡은 자들입니다. 신약시대에는 예수 그리스도께서 위대한 교사였고, 초대교회 지도자들도 선생들입니다. 사도 바울도 자신을 교사로 칭합니다. 교사는 사도와 예언자로 더불어 교회의 가장 오래되고 성별 된 직분들 가운데 하나입니다. 2장에서는 교육(목)사 제도의 형성원인과 역사를 살핍니다. 교육사는 미국에서 생겼는데 이 제도가 탄생하게 된 배경은, 첫째로 타락하고 있는 젊은이들의 인격에 관한 관심, 둘째로 새로운 교육학(교육철학, 심리학 등)이 주는 희망, 셋째로 새로운 성서학에 대한 욕구, 넷째로 공립학교 수준으로 질 좋은 교육을 준비하려는 욕구 등의 결과로서 나타난 것입니다.

한국 교회의 교육사 제도 탄생은 1960년대 이후 교회성장과 대형교회의 추세 가운데 질적인 목회를 추구해야 한다는 당위성과 함께 교육의 전문성에 대한 기독교 교육학자들의 목소리도 높아 갔습니다. 그리고 신학대학에 기독교 교육과(또는 종교교육과)가 생기기 시작했습니다. 3장에서는 교육(목)사의 자격과 위상을 살핍니다. 교육(목)사의 자격은 이미 기술한 기능들을 수행하기 위해 자격 요구사항이 제기됩니다. 교육(목)사는 일반적으로 지도자들이 갖추어야 할 지도력 이외에 많은 교육 프로그램과 교육자료 개발과 운영 등 비교적 전문성을 요구하는 사역이므로 이 분야에 준비된 지도자를 필요로 합니다. 교육사의 자질은 전문성과 신앙의 뿌리에 바탕을 둔 것이어야 합니다. 교육(목)사의 위상은 교회의 평신도들에게나 담임 목회자들에게나, 심지어는 교회교육 조직 내의 스텝들에게도 이해되지 못하기 때문에 소외됐습니다. 따라서 그들이 일하는 지 교회에서 교육(목)사로서의 정체성의 정립에 노력하였고, 현재에는 그들의 직책의 기능적 분화가 이루어져 다른 교역자, 특히 담임 목사와의 관계가 하나의 공동목회 속의 협동 관계로 정착되고 있습니다. 4장에서는 교육(목)사의 역할과 기능을 살핍니다. 교육(목)사의 역할은 담임목사와의 관계에서 어떻게 일하느냐 하는 데 초점이 맞추어집니다. 교육(목)사의 역할을 한마디로 말하면 일체의 교육을 통해서 교회의 성장을 촉구하는 매개체가 되게 하는 것입니다.

따라서 교육(목)사는 교역에 있어 중요한 영역이 교육에 있음을 먼저 인식하여 교회 공동체에 교회교육의 중요성을 자각시키고 기독교 교육에 더 많은 관심과 노력을 갖도록 유도하여 현재 교회의 문제인 교육적 빈곤으로 인한 부작용을 극복하여야 합니다. 오늘날과 같이 목회의 사역이 다양화되고 전문화된 상황에서 교육(목)사는 교육적 기능만을 수행한다고 생각해서는 안 될 것입니다. 그러므로 교육(목)사는 교육적 기능 이외에도 몇 가지 기능을 감당해 나가야 하는데 그것은 선교적 기능, 행정기능, 상담 기능 등을 들 수 있습니다. 5장에서는 교육(목)사 양성제도의 문제점을 살핍니다. 교육사의 전적인 양성기관은 아니지만, 목회자를 양성하는 신학교육의 문제점을 지적합니다. ① 신학교육의 목적을 바로 세워야 합니다. ② 신학교와 목회현장의 괴리현상입니다. ③ 학제 문제입니다. ④ 커리큘럼의 문제입니다. ⑤ 신학 교수의 역할문제입니다. ⑥ 열악한 신학교육 환경입니다. ⑦ 신학교육의 전문성 결여입니다.

Ⅳ장에서는 목회 현장에서 교육 목회를 하는 부교역자들을 설문하여 교육(목)사 인식현황을 밝히고 교육(목)사의 처우에 관하여 제시합니다.

Ⅴ장에서는 교육(목)사 양성을 위한 대안적 모색을 합니다. 먼저 1장에서는 교육(목)사 양성 대안 모색을 위한 자료를 얻기 위하여 각 신학대학원(감신, 서울신, 장신, 침신, 한신)의 교육과정을 분석합니다. 2장에서는 교육(목)사 양성을 위한 교육과정의 방향을 제시합니다.

B. 결론

지난 선교 1세기 동안 한국 교회의 목회현장은 양적으로는 크게 부흥했음에도 불구하고 질적으로는 성숙하지 못하여 성장에 따른 많은 문제점이 야기되고 있습니다. 목회와 교육과의 관계에서 교회교육을 부산물 정도로 생각하고 지극히 제한된 측면에만 집중하여 어린이나 청소년 교육을 위한 도구로만 여기고 있으므로 교회가 중시해야 할 교육적 사명을 소홀히 해 온 것이 사실입니다. 그러나 교회의 교육적 사명은 교회의 본질에 속하는 것으로서, 특히 초대교회의 교육과 예수 그리스도의 지상 대 명령의 말씀(마 28:20)에 이미 교회의 교육적 사명을 명령받았음을 알 수 있습니다.

한국 교회의 목회 현실이 설교 및 심방이 주가 되어 목회로부터 교육을 분리하고 있는 것은 목회가 곧 교육이며 목사는 가르치는 교사(엡 4:11)의 사명을 의식하지 못한 데서 오는 결과입니다. 그러나 점차 교회의 교육적 사명에 대한 새로운 인식과 목회자의 교육에 대한 의식구조가 갱신되어 목회가 곧 교육이라는 관점에서 교육적 목회를 시행하는 목회자들이 늘어가는 것은 실로 반가운 일이 아닐 수 없습니다.

한국 교회는 교회의 본질적 차원과 목회적 기능의 요청 아래 교육목회를 절감하고 있습니다. 오늘날의 도시화, 기계화, 산업화 상황 속에서 다원화 시대를 수용할 수 있는 새로운 목회를 요구받고 있습니다. 현재 한국 교회가 해결해야 할 당면 과제는 교회교육의 방향 정립과 전문화 문제입니다. 교육담당 전문교역자로서 교육(목)사 제도의 신설과 정착은 각 교단에서 초미의 관심을 가지고 다루어 온 영역입니다. 본 저서는 이를 해결하는 방안으로서 교육(목)사 직의 의미를 살펴보았습니다. 한 걸음 더 나아가 교육(목)사 양성 방안을 제시합니다.

한국 교회는 선교 2세기를 맞는 또 다른 세기로의 도약을 준비하는 과정에 있습니다. 새로운 시대의 비약적 발전은 다원화와 전문화 사회 속에서 능동적으로 대처해야 합니다. 한국 교회는 공동목회의 정립과 교육(목)사 제도의 정립을 확고히 해야 합니다. 교회교육의 전문화를 어떻게 수행해야 하느냐가 중요한 관건이 될 것입니다. 이러한 측면에서 교육 전문인으로서의 교육(목)사의 양성은 앞으로 여러 방면에서 진지하게 연구되어야 할 영역이라고 봅니다.

C. 저자의 제언

저자는 본 저서를 마무리하면서 기독교 교육의 독자적인 학문성과 전문성 개발과 관련해서 학제의 합리적인 운영방안 모색과 기독교 교육전문인 양성을 위한 커리큘럼의 방향 설정을 위해 몇 가지를 제안합니다.

첫째, 21세기에 다양하게 요청될 교회교육, 가정교육, 학교 교육, 사회교육 등 여러 현장을 중심으로 한 교육 사역에 종사할 전문직(예컨대 교육 목사, 교육사 등)에 대한 제도적 장치(법제화)가 먼저 총회 차원에서 확립되어야 할 것입니다.

둘째, 전문직 훈련을 위한 교육은 학부의 기독교 교육과(B. A), 대학원 과정(M. A)의 학제의 합리적 교육 체제 확립과 커리큘럼 보완, 그리고 신대원(M. Div) 과정의 부전공(기독교 교육) 제도를 보다 효율적으로 운영해서 졸업과 동시에 능력 있는 교육 전문가로 일할 수 있도록 전문지식과 기술을 제공해야 할 것입니다.

셋째, 특수대학원(예컨대 기독교 교육대학원)을 설립해서 교육 현장에서 필요로 하는 교육 전문가를 영역별로 배출하는 일은 교육의 미래성에 비추어 바람직하며, 따라서 이를 적극적으로 추진할 필요가 있습니다.

넷째, 기독교 교육의 학문성 개발을 위해 학부(B. A)로부터 대학원(Th. M / Th. D)에 이르기까지 지속성, 연계성을 유지할 수 있도록 커리큘럼을 보완해서 발전시켜야 할 것입니다.

교회는 교회의 사명을 다할 때 교회다워지며, 목회 또한 그 본질을 파악하고 맡은 바 사명을 감당할 때에 참으로 목회다워집니다. 그리고 교육에 의한 목회 전통이 한국 교회에 정착될 때 바른 목회가 이루어질 것입니다.

참고 문헌

I. 한서

1. 단행본

고용수. "2,000년대를 향한 장신대 신학교육의 방향(기독교 교육학적 측면)," 『신학과 교육』. 서울: 장신대 출판부, 1992.

고원석 외 5인. 『기독교 교육 개론』. 서울: 장로회신학대학교 기독교 교육연구원, 2013.

감리교 신학대학 한국 선교교육 연구원. 『교회교육 핸드북』. 서울: 대한 기독교 출판사, 1978.

김경동. 『현대의 사회학』. 서울: 박영사, 1986.

김국환. 『교회의 교육과 사역』. 서울: 무림 출판사, 1991.

김문철. 『교회교육 교사론』. 서울: 종로서적, 1991.

김재술. 『목회학』. 서울: 세종 문화사, 1979.

김형래. 『기독교 교육의 기초』. 서울: 대한 예수교 장로회 총회 출판국, 1990.

반피득. 『기독교 교육』. 서울: 대한 기독교 출판사, 1966.

신현광.『교육목회와 교회성장』. 서울: 민영사, 1997.

오인탁.『기독교 교육』. 서울: 종로서적, 1991.

_____.『교육목회 지침서』. 서울: 장로회 신학대학 출판부, 1980.

은준관.『기독교 교육 현장론』. 서울: 대한 기독교 출판사, 1989.

_____.『교육사, 왜 필요한가? -전문화 목회와 교육사』. 서울: 기독교 대한 감리회, 1988.

_____.『교회·선교·교육』. 서울: 전망사, 1985.

임계빈.『성장하는 주일학교는 이런 교사를 원한다』. 서울: 엘맨 출판사, 1997.

임택진.『목회자가 쓴 목회학』. 서울: 대한 예수교 장로회 총회 출판부, 1982.

정성구.『실천신학 개론』. 서울: 총신대 출판부, 1980.

천정웅. "교사로서의 예수님"『교회교육 현장백과 1』. 서울: 말씀과 만남, 1994.

한미라.『개신교 교회교육』. 서울: 대한기독교서회, 2005.

한춘기.『한국 교회와 교육』. 서울: 총신대 기독교 교육 연구소, 1990.

_____. 『한국교회 교육사』. 서울: 대한예수교장로회총회, 2006.

황의영.『목사학』. 서울: 성광문화사, 1983.

2. 논문류

김명삼. "공동목회 속에서 교육 목사의 위치와 기능," 총신대학 기독교 교육 연구소, 교육목사 워크숍, 1989.

김종옥. "공동교역에 있어 교육 목사의 위상과 역할에 관한 연구," 미간행교육석사학위논문, 목원대학교 신학대학원, 1990.

노 일. "공동목회를 위한 교육(목)사의 역할과 한국적 적용," 미간행 교육석사학위논문, 총신대학교 신학대학원, 1989.

안승철. "목회협력자로서 부목사의 역할 연구," 박사학위논문, 연세대학교 연합신학대학원, 2004.

유충국. "목회자 계속 교육과 교회성장," 미간행 신학석사학위논문, 안양대학교 신학대학원, 2009.

염기석. "한국교회 성장에 대한 경험적 연구," 미간행 신학석사학위논문, 감신대학교 신학대학원, 1988.

이락재. "한·미 감리교회의 교육사 제도 비교연구," 미간행 교육석사학위논문, 감리교신학대학교 신학대학원, 1989.

이재정. "교육목회에 관한 연구," 미간행 교육석사학위논문, 서울 신학대학교 신학대학원, 1989.

정일웅. "한국 교회의 새로운 목회관,"『목사 계속 교육 강의집 1권』서울: 유니언 학술자료원, 1990.

정진흥. "한국사회의 변동과 기독교,"『사회 변동과 한국의 종교』서울: 한국 정신 문화 연구원, 1987.

조성국. "성화에 있어서 성령(하나님)의 사역과 인간의 책임과의 관계," 미간행 신학석사학위논문, 고신대학교 신학대학원, 1987.

주미경. "여성 교육사의 한국적 적용의 문제점 및 바람직한 위상 정립을 위한 연구(장로교 합동과 감리교 중심)," 미간행 신학석사학위논문, 총신대학교 신학대학원, 1994.

3. 정기간행물

1) 신문류

강용원. "교육 전문가 제도의 확립을 위한 제언,"『기독교보』. 1990년 11월 10일.

박영희. "21세기를 향한 신학교육과 교회"『복음신보』. 91년 2월 17일.

우형건 외 6명. "한국교회 성장을 생각한다: 신학교육 좌표 찾기,"『기독신문』. 1997. 11. 26.

2) 학술지

강성애·최혜경·한제희. "한국 장로교회의 교육(목)사 실태 연구,"『기독교 교육 연구』. 서울: 총신대학 기독교 교육 연구소, 통권1호. 1990.

고용수. "교육목회를 위한 교육구조," 『교육교회』. 제272호. 1989.

_____. "교육과 목회," 『교육교회』. 제208호. 1983.

_____. "올바른 교회교육의 이해," 『교육교회』. 제158호. 1987.

고용수 외 4인. "교육사 제도를 생각한다." 『교육교회』. 제206호. 1993.

김동호. "교육목회를 위한 새 전망," 『교육교회』. 제204호. 1993.

김득렬. "교육적 목회," 『교회와 신학』. 제1집. 서울: 장로회 신학대학 출판부, 1965.

_____. "교육적 목회," 『교육교회』. 제111호. 1985.

김영식. "첨단 과학기술 시대의 과학 기술과 인간," 『기독교 사상』. 제338호. 1987.

김의원, "신학교는 교단신학을 이끌 선구자다," 『목회와 신학』. 제26호. 1991.

김주철. "교육목사가 본 교육 목사제," 『교육교회』. 제202호. 1993.

김희자. "교육(목)사 제도의 역사적 형성과 한국적 적용," 『신학지남』. 제220호. 1989.

_____. "교육(목)사 제도의 역사적 형성 과정," 『기독교 교육 연구』. 창간호. 1990.

도한호. "신학교의 커리큘럼이 교회에 적합한가," 『목회와 신학』. 제26호. 1991.

박동현. "2,000년대를 향한 한국 교회의 과제," 『풀빛 목회』. 제 119호. 1991.

박삼열. "목회자 양성과정, 그 현실과 대안을 추적한다," 『목회와 신학』. 제105호. 1997.

박영철, "한국교회 인턴십 제도와 개선 방향," 『목회와 신학』. 제 55호. 1994.

오인탁. "교육사제도의 교회적 요청과 이론적 근거," 『교육교 회』. 제199호. 1982.

전호진. "한국 신학교육의 진단과 처방," 『목회와 신학』. 제5호. 1990.

정관봉. "교회 관리론," 『월간목회』. 제448호. 1981.

정영택. "85년도 목회정책 수립을 위한 교육적인 제안," 『교육교 회』. 제201호. 1984.

_____. "교육목회를 위한 논단 I-교육목회 서설," 『교육교회』. 제269호. 1989.

조종남. "교역자 양성을 위한 신학교육 개선책," 『목회와 신학』. 제26호. 1991.

주선애. "교육 전도사," 『교육교회』. 제199호. 1982.

천병욱. "목회에 있어서 교육의 기능," 『기독교 교육』. 제192호. 1983.

최대석. "교육목사 제도의 정착을 기대하며," 『교육교회』. 제202 호. 1993.

Calien Carnegie S. "현대사회와 목회 설계," 서울: 연세대학교 연합신학대학원 목회자 신학 세미나 강의집, 1985.

II. 외서

1. 번역서

Eavey C. B. *History of Christian Education.* 김근수·신청기 역. 『기독교 교육사』. 서울: 한국 기독교 교육 연구원, 1980.

Graaff Arnold De. *The educational ministry of the church.* 신청기 역. 『교육목회학』. 서울: 기독교 문서 선교회, 1989.

Groome Thomas H. *Christian Religious Education.* 이기문 역. 『기독교적 종교 교육』. 서울: 대한 예수교 장로회 총회 출판국, 1989.

Hiltner Seward. *Preface to Pastoral Theology.* 민경배 역. 『목회신학원론』. 서울 : 대한 기독교서회, 1986.

Knight G. R. *Philosophy and Education.* 박영철 역. 『철학과 기독교 교육』. 서울: 침례 신학대학 출판부, 1987.

Lindgren Alvin J. *Foundations for Purposeful Church.* 박근원 역. 『교회 개발론』. 서울: 대한 기독교 출판사, 1977.

Longineker Richard N. *A History of Religious Education.*

임영금 역. "바울," 『인물 중심의 종교 교육사』. 서울: 대한 예수교 장로회 총회 교육부, 1984.

Miller Rendolph C. *Christian Nurture and The Church.* 서광선· 박형규 공역. 『기독교 교육과 교회』. 서울: 대한 기독교 교육 협회, 1991.

Moltemann Jurgun. *Kirche in der Kraft des Geistes.* 박봉랑 역. 『성령의 능력 안에 있는 교회』. 서울: 한국 신학 연구소, 1980.

Oden Thomas C. *Pastoral Theology.* 오성춘 역. 『목회신학』. 서울: 대한 예수교 장로회 총회 출판국, 1990.

Pazmino Robert W. *God our Teacher.* 조혜정 역, 『교사이신 하나님』 서울: 크리스챤 출판사, 2005.

Schuller Robert H. *Your Church Has Real Possibilities.* 조문경 역. 『성공적인 목회의 비결』. 서울: 보이스사, 1975.

Sherrill Lewis J. *The Gift of Power.* 김재은, 장기옥 공역. 『만남의 기독교 교육』. 서울: 대한 기독교 출판사, 1990.

Sisemore J. T. *The Ministry of Religious Education.* 한춘기 역. 『교회와 교육』. 서울: 총신대학 출판부, 1993.

Smart James D. *The teaching ministry of the church.* 장윤철 역. 『교회의 교육적 사명』. 서울: 대한 기독교 교육 협회, 1991.

Souik Arne. *Salvation of Today.* 박근원 역. 『오늘의 구원』. 서울: 대한기독교서회, 1980.

Taylor Marvin. *Foundations for Christian Education in an Era of Change.* 편집부 역.『기독교 교육의 새 방향』. 서울: 예장 총회 교육부, 1985.

Toffler Alvin. *The Third Wave.* 홍갑순, 심정순 공역.『제3의 물결』. 서울; 대일서관, 1982.

Thurneysen Edward. *Die Lehre Von der Seelsorge.* 박근원 역.『목회학 원론』 서울: 한국 신학 연구소, 1987.

Wagner C. Peter. *Leading your Church to Growth.* 김선도 역.『교회 성장을 위한 지도력』. 서울: 광림, 1984.

2. 원서

1) 단행본

Eavey. C. B. *History of Christian Education.* Chicago: Moody Press, 1965.

Harris Maria. *The D. R. E Reader.* Minnesota: ST. Marry's Press, 1980.

Jaarsma. C. *Human Development; Learing and Teaching.* Grand Rapids: Erdmans, 1961.

Jean Furnish Dorothy. *DRE/DCE-The History of A Profession.* Nashville, Tennesse: The United Methodist Church, 1976.

_____. *The Profession of Director or Minister of Christian Education in Protestant Churches, Marvin Taylor(ed). Changing Patterns of Religious Education*. Nashville: Abingdon Press, 1984.

Kinder Calvin D. *Me-A Pastor Educator*. (The Pastor. S Rale in Educational Ministry). R. A. Olson(ed). Philadelphia: Fortress Press, 1974.

LaCugna Catherine Mowry. *God for Us: The Trinity and Christian Life*. San Francisco: Haper, 1973.

Lee Gable. *Christian Nurture Through Church. Robert Power. Administering Christian Education*. Michigan: Wn B. Edmans publishing Campany, 1964.

Marris Maria. *Fashion Me A People-Curriculum in the Church*. Kentucky Louisville: Westminster/John Knox Press. 1989.

McComb Louise. *D. C. E.: A Challenging Career in Christian Education*. Richmond: John Knox Press, 1963.

Moran Gabriel. *Showing How: The Act of Teaching*. Valley Forge, Pa: Trinity, 1977.

Seymour Jack L. *The Story of the Protestant Sunday School*. Nashville: Abingdon Press, 1982.

The United Methodist Church. *Standards and Reguirements for Certigication as D. C. E., A. C. E. 1988-*

1992. Division of Diaconal Ministry Genneral Board of Higher Education and Ministry. 1988.

Williams D. D. *The minister and the care of souls.* New York: Harper Brothers. 1961.

Wise C. A. *The Meaning of Pastoral Care.* New York: Haper and Row publisher. 1966.

2) 정기간행물

Otto Mayer. *"Study of Directors of Religious Education and Their Profession,"* International Journal of Religious Education, XV. Oct, 1938.

Religious Education Association. *"Directors of Religious Education,"* Religious Education, X.V. oct, 1920.

Shelton Gentry A. *"The Director of Christian Education,"* In Introduction to Christian Education. Marvin Taylor(ed) Nashville: Abingdon Press, 1966.

The United Methodist Church. *Standards and Requirements for Certification as D. C. E, M. C. E, A. C. E, Division of Diaconal Ministry. 1988.*

Trouten Donald J. *"Church Education,"* Church Educational Ministries. Ilinoi Wheaten: E. T. T. A, 1980.

Vieth Paul H. *"A Study of Personnel and Work of the office of Director of Religious Education"*, In Research Service in Religious Education, 1,3 and 4. Chicago: International Council of Religious Education, 1926.

부록

교육(목)사 실태조사 설문지

미국 코헨 대학교(COHEN UNIVERSITY) - 교육 박사(D. C. E) 논문(한국 교회 교육(목)사 제도를 위한 연구 - 교육(목)사 양성문제를 중심으로 -) 설문지입니다(연구자, 성남중앙단대교회, 임계빈 목사, 010-3340-8944, ikb0918@hanmail.net). 총 설문지는 4페이지입니다.

본 설문지에 참여해 주셔서 감사합니다. ① 이 설문지는 교회 교육 전문가 양성에 대한 실태 파악, 연구 자료로만 사용됩니다. ② 참여하신 분들의 개인정보나 소중한 의견은 연구하는 목적 외에는 절대로 사용하지 않을 것을 약속드립니다. ③ 참여해 주신 결과로 충실한 연구가 될 수 있도록 최선을 다하겠습니다. ④ 설문을 진행하면서 개인적으로 불편한 부분이 있다면 중단하셔도 됩니다. ⑤ 별도의 표시가 없어도 여러 가지가 생각나시면 해당 번호에 O 또는 √ 로 체크하세요. 해당란이 없으시면 기타에 기록하세요.

1. 응답자의 정보

(설문 일자 : 20   년   월   일)

1. 성별을 표시하여 주세요. ① 남성   ② 여성

2. 본인의 나이는 어떻게 됩니까? (세)

3. 본인의 현재 교회 사역 형태를 표시하여 주세요. ① 전임 ② 파트

4. 귀하가 섬기는 교회의 장년 교인 수는 얼마나 됩니까?

　　① 100명 미만 ② 101~300명 ③ 301~500명

　　④ 500~1000명 ⑤ 1000명 이상 ⑥ 기타 (명)

5. 귀 교회의 다음 세대(유아/유치/유초등/중고등/청년) 수는 얼마나 됩니까?

　　① 50명 미만 ② 51~100명 ③ 101~200명 ④ 201~300명

　　⑤ 301~500명 ⑥ 500명 이상 ⑦ 기타 (명)

6. 귀 교회의 부교역자 수는 몇 명입니까?

　　① 교구담당 (명) ② 교육부서 담당 (명) ③ 기타 (명)

7. 귀 교회가 위치한 지역을 가장 잘 설명하는 것은 무엇입니까?

　　① 대도시 ② 중소도시 ③ 읍면지역

　　④ 농어촌 ⑤ 기타 (   )

8. 귀 교회 소속 교단을 기록하여 주세요.

　　① 장로교 ② 감리교 ③ 성결교

　　④ 침례교

　　⑤ 순복음 ⑥ 기타 (   )

9. 귀하의 교회에서 본인이 부여 받은 공식적인 명칭은 무엇입니까?(부목사, 교육 목사, 전임강도사, 교육강도사, 전임전도사, 교육전도사, 교육 간사, 기타/   )

10. 귀하의 명칭에 만족하십니까? ① 예   ② 아니오
    만족하지 않는다면 적절한 명칭은 무엇이라고 생각하십니까?
    (   )

11. 지금 하시는 일은 얼마나 되셨습니까?
    ① 6개월 미만 ② 6개월-1년 ③ 1년
    ④ 1-2년   ⑤ 2-3년 ⑥ 3년 이상

12. 귀하께서는 안수를 받았습니까? ① 예   ② 아니오

2. 교육(목)사 인식현황

13. 귀하는 교육 목사 또는 교육사에 대해 들어본 적이 있습니까? ① 예   ② 아니오

14. 귀하의 교회에서 교육책임자는 누구라고 생각하십니까?
    ① 교육전도사 ② 담임목사 ③ 교육전문가
    ④ 교육(목)사 ⑤ 기타 (   )

15. 현재의 교역자 외에 또 다른 영역의 교역자가 필요하다고 느끼십니까? (예 / 아니오)
    '예'라면 누가 더 필요하겠습니까?(복수 선택 가능)
    ① 교육전도사 ② 목사 ③ 교육전문가 ④ 교육(목)사
    ⑤ 음악목사 ⑥ 행정목사 ⑦ 기타(   )

16. 지금 담당하고 계시는 부서는 어디입니까?(복수 선택 가능)

① 유치부 ② 유년부 ③ 초등부 ④ 중고등부 ⑤ 청년부

⑥ 장년부 ⑦ 남전도회 ⑧ 여전도회 ⑨ 노년부 ⑩ 성가대

⑪ 선교회 ⑫ 교육전반 ⑬ 기타(   )

17. 귀하는 교역자입니까? ① 예   ② 아니오

18. 귀하께서 교육과 연관하여 경험하신 내용이 있다면 표시하여 주세요.(복수 선택 가능)

① 기독교교육 과목 수강(직접/간접) ② 기독교교육 전공

③ 선교단체 경험 ④ 교회학교 경험   ⑤ 기타 (   )

19. 지금 하시고 있는 일은 무엇입니까?(해당란에 모두 표시하세요)

① 설교 ② 심방 ③ 교회행정 ④ 구역장 ⑤ 교사교육

⑥ 교육계획 ⑦ 새신자 ⑧ 평신도교육 ⑨ 성경공부 지도

⑩ 성가대 지휘 ⑪ 교육행정 ⑫ 교육자료 정리

⑬ 기타(   )

20. 귀하는 스스로 준비된 교육계획안을 갖고 거기에 따라 교역하고 계십니까?(예/아니오)

21. 교육계획안을 준비하셨다면 몇 년도 계획을 수립하고 계십니까?

① 1년 미만 ② 1년 ③ 1-3년 ④ 3-5년 ⑤ 5년 이상

22. 귀하의 이 계획은 전체 교회교육 계획에 어느 정도 반영된다고 생각하십니까?

① 100% ② 80% ③ 50% ④ 30%

⑤ 거의 반영되지 않는다.

23. 귀하의 교육계획은 실행하는 데 어려움이 있습니까?(예 / 아니오) 있다면 어려움은 무엇입니까?

　① 계획을 세워도 실행하는 데 반대가 많다

　② 계획자체가 비현실적이다

　③ 계획에 협조하는 사람이 거의 없다

　④ 자료나 보조기구가 없다

　⑤ 어떻게 계획하는지 생각해 본 적이 없다　⑥ 기타(　　　　)

24. 귀하의 교육계획 중에 지역사회와 관계된 계획이 있습니까?

　① 예　② 아니오

　있다면 소개해 주십시오(구체적으로 :　　　　　　　　　)

25. 교육현장에 대해 보고하고 있습니까?(예 / 아니오) 보고 한다면 누구에게 보고합니까?(복수 선택 가능)

　① 목사　② 장로　③ 교육위원회　④ 당회　⑤ 기타(　　　)

26. 교육정책의 입안, 실행, 결정은 누가 합니까?(선택하여 주십시오).

　(입안 :　　　결정 :　　　실행 :　　　)

　① 담임목사　② 장로　③ 교육위원회　④ 교사회의

　⑤ 교육(목)사　⑥ 교육전도사

　⑦ 당회　　⑧ 기타 (　　　　)

27. 교육정책에 있어서 귀하의 역할은 무엇입니까?

　① 입안　② 실행자　③ 결정자

　④ 모두다

　⑤ 회의진행　⑥ 기타(　　　　)

28. 교육정책의 최종 결정자는 누구입니까?

　① 담임목사　② 교육목사　③ 교육전도사　④ 장로

　⑤ 당회　⑥ 교육위원회

　⑦ 교육 전문 담당자　⑧ 기타 (　　　)

29. 평신도들의 교회교육에 대한 인식은 어떻다고 생각하십니까?(학교교육과 비교하여)

　① 아주 만족한다　② 만족한다　③ 그저 그렇다

　④ 불만족 한다　⑤ 관심이 없다

30. 귀하는 교회교육 개선의 여지가 교육(목)사를 둠으로써 해결될 수 있다고 보십니까?

　① 예　② 아니오

31. 귀하가 교회에서 교육사역(다음 세대 포함 청장년 교육)에 할애하고 있는 시간은 얼마나 됩니까?

　① 주당 8시간 이하

　② 주당 8-16시간

　③ 주당 17-24시간

　④ 주당 25-44시간

　⑤ 주당 44시간 이상

32. 교육을 실행하는데 있어서 귀하의 교역시간에 대해 만족하십니까?(예 / 아니오)

　만족하지 못한다면 적당한 시간은?

　① 1주 내내　② 1주일 중 며칠 만

　③ 주일만　④ 기타 (　　　)

3. 교육(목)사의 처우에 관한 사항

34. 귀하의 보수가 아래 사항과 비교해서 적당하다고 생각하십니까?

	많다	적당하다	적다
① 교회학교 전문가로서	( )	( )	( )
② 일반 학교 교사보다	( )	( )	( )
③ 교회 내의 타교역자에 비해	( )	( )	( )
④ 귀하가 하는 일의 양에 비교해	( )	( )	( )
⑤ 귀하 교회의 경제 사정에 비해	( )	( )	( )

35. 귀하가 교육사역을 하는 데 있어서 필요하다고 생각되는 부분은 무엇입니까?(복수 선택 가능)

① 인원보충(조직력)

② 교육사역의 전문화

③ 교사임명권

④ 지역사회와의 유대

⑤ 전문가로서 교육권한의 확장

⑥ 처우개선

⑦ 교인들의 교육교역에 대한 인식 증대

⑧ 교육전문가로서의 확실한 역할 구분

⑨ 타 교회의 교육 교역자와의 교류

⑩ 교육위원회(교사회)에서의 지위확보

⑪ 다른 사역자와의 관계개선

⑫ 목사안수   ⑬ 기타 (   )

36. 교육(목)사로서 필요한 학문적 자격은 무엇입니까?

① 일반대학 이상 ② 일반대학원 이상

③ 박사학위 소지자 ④ 기독교교육 전공(대학 이상)

⑤ 기독교교육 전공(대학원 이상)

⑥ 기독교교육 전공(박사학위) ⑦ 신학교 졸업자

⑧ 신학대학원 졸업자

⑨ 신학대학원 + 기독교교육 전공(대학원 이상)

37. 교육의 전문인으로서 생각하는 교회의 교육행정상 바람직한 정책 결정의 과정은 무엇입니까? (복수 선택 가능)

① 교육(목)사 자율권에 맡긴다

② 담임목사의 결정에 위임한다

③ 교육위원회의 결정에 위임한다

④ 교육부장과 상의하여 결정한다

⑤ 교사회의 의견이 정책 결정에 절대 반영된다

⑥ 해당 사항없다

38. 전문적인 기독교교육(교육사를 포함해서)은 어떤 경로로 실현될 수 있다고 생각하십니까?(복수 선택 가능)

① 교회예산 확보 후 ② 담임목사의 필요성 인식

③ 전문 인력의 확보 ④ 교회교육 구조의 개선

⑤ 총회 차원의 지위확보 ⑥ 교육 영역의 확대

⑦ 평신도의 인식 ⑧ 여성 안수문제 해결 후

⑨ 전문가들 사이의 협력에 대한 인식 후

⑩ 아직은 필요 없다

39. 귀하께서는 교육(교역) 전문가들의 공동 목회의 필요성을 인
    식하십니까?(예 / 아니오)

    '예'라면 이유는 무엇입니까?

    ① 다원화된 현 사회의 요청 때문에

    ② 교인의 급격한 팽창에 따른 교회행정의 변화 때문에

    ③ 교인의 다양한 계층 때문에

    ④ 교회학교의 전문성에 대한 요청 때문에

    ⑤ 기타(   )

    '아니오'라면 그 이유는 무엇입니까?

    (이유를 기록하세요.   )

40. 귀하의 교회에서는 목회의 전문적인 역할이 명확히 구분되
    어 있습니까?(예 / 아니오)

41. 공동 목회를 할 때 문제점이 있다면 무엇이라고 생각하십니
    까?(복수 선택 가능)

    ① 교역자들의 인간관계

    ② 역할 및 책임문제

    ③ 교역자들에 대한 교인들의 인식 및 선호문제

    ④ 공동 목회에 대한 인식부족 때문에   ⑤ 기타(   )

42. 공동 목회에서 전문 영역을 나눈다면 꼭 필요한 영역은 무엇
    이라고 생각하십니까?(복수 선택 가능)

    ① 교회행정 ② 교육 ③ 설교 ④ 선교

    ⑤ 음악 ⑥ 심방 ⑦ 사회복지 ⑧ 상담

    ⑨ 기타 (   )

43. 지금 귀하에게 제공되고 있는 사항은 다음 중 무엇입니까?(복
　　수 선택 가능)

　　① 사택

　　② 차량

　　③ 의료보험

　　④ 생명보험

　　⑤ 연금

　　⑥ 교육비

　　⑦ 사무실

　　⑧ 휴가

　　⑨ 휴일

　　⑩ 비서가 따로 있다

　　⑪ 퇴직금

　　⑫ 보너스

　　⑬ 기타 (　　　　)

44. 귀 교회 조직표에서 현재 귀하의 위치는 어느 곳입니까?

　　① 담임목사 아래

　　② 교육위원회 아래

　　③ 교육목사 아래

　　④ 부장 아래　⑤ 기타 (　)

* 끝까지 협조하여 주셔서 감사드립니다.